| 지은이 | **린다 굿맨** Linda Goodman

1925년 미국의 웨스트버지니아에서 양자리로 태어난 린다 굿맨은 방송인이자 저널리스트였으며 시인이자 천문해석가였습니다. 린다 굿맨은 제2차 세계대전 동안 〈린다의 러브레터 Love Letters from Linda〉라는 유명한 라디오 프로그램을 진행하면서 명성을 얻기 시작했습니다. 그 이후 미국의 동부와 남동부 지역 신문에 기고를 하면서 본격적인 저술 활동을 시작하였고, 흑인 인권 운동가이자 미국도시연맹 National Urban League의 회장이었던 휘트니 영 Whitney Young의 연설문을 작성하기도 했습니다. 린다 굿맨이 풍부한 임상 경험과 인간에 대한 깊은 이해를 바탕으로 집필한 『당신의 별자리』는 1968년 출간 이후 공전의 히트를 기록하였습니다. 천문해석학 분야의 책으로는 처음으로 「뉴욕 타임스」 베스트셀러 목록에 오르는 쾌거를 이루었고, 1978년 출간된 『사랑의 별자리 Linda Goodman's Love Signs』 또한 「뉴욕 타임스」 베스트셀러 목록에 올랐습니다. 그녀의 책들은 40여 년이 지난 지금까지 전 세계 독자들의 사랑을 받고 있는 고전이며 베스트셀러입니다. 책 곳곳에는 네 명의 자녀를 둔 어머니로서 자녀들에게 전해 주고 싶은 아름답고 따뜻한 경험과 지혜가 스며들어 있습니다. 그녀는 콜로라도 주에 있는 크리플 크리크에서 말년을 보냈으며, 그녀가 살던 집은 현재 여행자들을 위한 게스트하우스가 되었습니다. 1995년 향년 70세로 생을 마감했습니다.

| 옮긴이 | **이순영**

1970년 강릉에서 태어나고 자랐습니다. 한국외국어대학교 영어과를 졸업한 뒤 여러 기업체에서 해외 업무를 담당했습니다. 2009년 도서출판 북극곰을 설립하여 환경과 영혼의 치유를 주제로 일련의 책들을 꾸준히 발간하고 있으며, 번역가로도 왕성하게 활동하고 있습니다. 번역서로는 노베르트 로징의 『북극곰』, 마르타 알테스의 『안돼!』, 엠마누엘레 베르토시의 『나비가 되고 싶어』가 있으며, 린다 굿맨의 『사랑의 별자리』도 곧 아름다운 우리말로 선보일 예정입니다.

당신의 별자리
전갈자리

당신의 별자리
전갈자리

2012년 12월 21일 초판 1쇄

지은이 린다 굿맨 ‖ **옮긴이** 이순영
펴낸이 이순영 ‖ **편집** 이루리 ‖ **디자인** 오빛나 ‖ **덕담** 최우근 ‖ **박은곳** 한영문화사
펴낸곳 북극곰 ‖ **주소** 서울시 은평구 진관동 은평뉴타운 우물골 239동 1001호
전화 02-359-5220 ‖ **팩스** 02-359-5221
이메일 bookgoodcome@gmail.com ‖ **홈페이지** www.bookgoodcome.com
블로그 http://blog.naver.com/codathepolar ‖ **페이스북** 도서출판 북극곰
ISBN 978-89-97728-26-8 03180   **값** 9,000원

Linda Goodman's Sun Signs
©1968 by Linda Goodman
Korean translation rights arranged with Taplinger Publishing Co., Inc.

이 책의 한국어판 저작권은 임프리마 코리아 에이전시를 통해
미국 Taplinger Publishing Co., Inc.와의 독점 계약으로 도서출판 북극곰에 있습니다.
신 저작권법에 의해 한국 내에서 보호를 받는 저작물이므로 무단 전재와 무단 복제를 금합니다.

Linda Goodman's Sun Signs

전 세계 1억 독자의 마음을 사로잡은 작가 린다 굿맨
열두 별자리 지구인에 대한 가장 따뜻한 심리학

당신의 별자리

전갈자리

9. 24 ~ 10. 23

린다 굿맨 지음 | 이순영 옮김

진정으로 지인들을 이해했던 쌍둥이자리 마이크 토드를 위하여

그리고 물고기자리 멜리사 앤과의 약속을 지키기 위해

> 이리하여 이상한 나라가 생겨났네.
> 이렇게 서서히 하나씩 하나씩
> 이상한 사건들이 일어나고
> 이제 하나의 이야기가 만들어졌네.

감사의 말

나의 벗이자 스승인 처녀자리 천문해석가 로이드 코프의 도움과 조언에 깊이 감사드립니다. 로이드의 격려와 신뢰가 없었다면 이 책은 그저 양자리의 여러 꿈 중 하나로만 남아 있었을 것입니다.

- 일러두기

★ 열두 별자리 개요

별자리	상징	기간	지배행성	구성 원소	상태
양자리 Aries	♈	3.21~4.20	화성 Mars	불	활동
황소자리 Taurus	♉	4.21~5.21	금성 Venus	흙	유지
쌍둥이자리 Gemini	♊	5.22~6.21	수성 Mercury	공기	변화
게자리 Cancer	♋	6.22~7.23	달 Moon	물	활동
사자자리 Leo	♌	7.24~8.23	태양 Sun	불	유지
처녀자리 Virgo	♍	8.24~9.23	수성 Mercury	흙	변화
천칭자리 Libra	♎	9.24~10.23	금성 Venus	공기	활동
전갈자리 Scorpio	♏	10.24~11.22	명왕성 Pluto	물	유지
사수자리 Sagittarius	♐	11.23~12.21	목성 Jupiter	불	변화
염소자리 Capricorn	♑	12.22~1.20	토성 Saturn	흙	활동
물병자리 Aquarius	♒	1.21~2.19	천왕성 Uranus	공기	유지
물고기자리 Pisces	♓	2.20~3.20	해왕성 Neptune	물	변화

★ 용어 설명

- **천문해석학**astrology : 인간이 태양과 달을 포함한 행성들의 영향을 받는다는 전제 하에 태어나는 시간과 장소에 따른 행성들의 위치에 근거하여 사람의 성격과 삶에 대하여 풀이하는 학문으로, 일명 점성학이라고 알려져 있음.
- **출생차트**natal chart : 태어나는 시간과 장소에서 본 행성들의 위치.
- **충돌 각도**hard aspect : 출생차트의 행성들이 서로 90도나 180도를 이루고 있는 경우.
- **태양별자리**sun signs : 태어난 시간과 장소에서 볼 때 태양이 위치하고 있는 별자리.
- **달별자리**moon signs : 태어난 시간과 장소에서 볼 때 달이 위치하고 있는 별자리.
- **동쪽별자리**ascendant : 태어난 시간과 장소에서 볼 때 동쪽 지평선에 위치하고 있는 별자리.
- **영역**house : 태어난 시간에 태어난 위치에서 보이는 하늘을 12구역으로 나눈 것으로 인생의 다양한 경험 분야를 의미함.
- **경계선**cusps : 각 영역의 시작점.

★ 별자리(태양별자리)란?

'태양별자리'라는 말은 당신이 만약 쌍둥이자리라면 당신이 태어난 시간에 태양이 쌍둥이자리라 불리는 곳에 위치해 있었고, 그 시기는 대략 5월 22일에서 6월 21일 사이라는 것을 의미합니다. 그 기간은 천문해석학 책에 따라 약간씩 다를 수 있습니다. 실제로 태양별자리가 바뀌는 시점은 정해져 있지 않습니다. 자정에 바뀐다고 가정하면 매우 간단한 일이지만 실제로는 그 시간이 하루 중 언제가 될지 알 수 없답니다. 예를 들어, 지난 몇십 년 동안은 양자리가 황소자리로 바뀌는 날은 4월 20일이었습니다. 그러니 4월 20일은 때에 따라 양자리가 될 수도 있고 황소자리가 될 수도 있는 것입니다. 출생차트를 뽑아 보지 않으면 사실은 양자리인 당신이 평생 황소자리라고 잘못 알고 살 수도 있는 것입니다. 어떤 별자리가 시작하는 날이나 끝나는 날에 태어난 사람이라면 정확한 출생 시간과 출생 장소(위도 및 경도)를 알고 있어야만 어떤 별자리인지 정확하게 알 수 있습니다.

※ 이 책에 인용된 시들은 모두 루이스 캐럴의 작품에서 빌어 왔음을 밝혀 둡니다.
　한국어판에서는 비룡소에서 출판한 『이상한 나라의 앨리스』와 『거울나라의 앨리스』를 참조하였습니다.
※ 개인의 출생차트는 윈스타winstar 프로그램이나 http://www.astro.com 등을 이용하여 볼 수 있습니다.
※ 이 책의 각주는 모두 역자가 단 것입니다.

목차

전갈자리
Scorpio

10월 24일~11월 22일

서문 | 12

전갈자리를 알아보는 방법 | 33

전갈자리 남성 | 52

전갈자리 여성 | 69

전갈자리 어린이 | 91

전갈자리 사장 | 102

전갈자리 직원 | 116

글을 마치며 | 131

서문

태양별자리를 어떻게 이해할 것인가

오래 전 이야기가 시작되었으니
여름의 태양이 그 빛을 발하고 있을 때
우리가 노 젓는 박자에 맞추어
울려 퍼지던 단아한 종소리

언젠가 당신은 출생차트의 상세한 내용을 알고 싶어질 때가 올 겁니다. 하지만 출생차트를 이해하려면 우선 무엇보다도 태양별자리를 이해해야 합니다. 우리는 잡지나 신문에서 단순히 열두 가지로 분류된 별자리 운세를 흔히 볼 수 있습니다. 그런데 별자리 운세를 읽는 것과 개개인의 태양별자리를 이해하는 것을 혼동하지 않았으면 합니다. 별자리 운세는 대체로 아주 그럴듯한 내용으로 당신의 관심을 끌지는 몰라도 오류가 전혀 없다고 할 수는 없습니다. 당신의 성격과 에너지를 전문적이고도 정확하게 분석하려면 당신이 태어난 정확한 날짜와 시간에 근거한 출생차트가 필요합니다.

하지만 이런 별자리 운세를 '누구에게나 해당하는 뻔하고 일반적인 내용을 모아놓은 잡동사니'로 치부해 버리는 경향도 경계해야 합니다. 이 또한 사실이 아니니까요. 그러한 예언(암시라는 말이 더 적합하겠지만)은 황소자리나 물고기자리 또는 처녀자리에게 각각 적용되는 것이지 열두 별자리 모두에게 마구잡이식으로 적용되는 이야기는 아닙니다. 별자리 운세는 실력 있는 전문가들이 출생차트의 태양별자리를 비롯하여 그 시기에 하늘에서 움직이는 여러 행성들 사이의 각도를 수학적으로 계산하여 작성하므로 어느 정도까지는 예측이 가능합니다. 그러나 중요한 것은 그러한 예측들이 개개인의 출생차트에 있는 태양별자리와 여덟 개의 행성 및 달의 각도를 정확하게 반영하지 않기 때문에 개인별로 완벽하게 맞아떨어지지는 않는다는 것입니다. 이러한 결함을 감안하고 본다면 별자리 운세는 흥미롭고 도움이 될 만한 정보입니다.

    태양은 모든 별 중에서도 가장 강력한 별입니다. 태양은 인간의 성격에 지대한 영향력을 미치기 때문에 태양별자리에 대한 해석만으로도 그날 태어난 개인에 대해서 놀라울 정도로 정확하게 설명할 수 있습니다. 태양의 전자기 파장(현재의 연구조사 수준에서는 이렇게밖에 표현할 수 없습니다.)은 우리가 인생을 살아가면서 태양별자리의 기질을 지속적으로 발현해 나갈 수 있도록 해 줍니다. 태양별자리가 인간의 행동과 특징을 분석하는 데 사용하는 유일한 요소는 아니지만, 상당히 중요한 의미를 차지하고 있습니다.

    어떤 천문해석가는 태양별자리를 다루는 책들이 민족별·직업별 특징을 무시하고 인간의 특징을 일반화했다고 주장하기도 합니다. 그러한 생각에 대해 이해는 하지만 동의할 수는 없습니다. 물론 태양별자리를 잘못된 태도로 사용한다면 사람들을 호도하기 쉽다는 것은 사실입니다. 하지만 분명한 것은 출생차트 없이 태양별자리를 해석하는 것만으로 탁월하게 인간을 분석하고 본성을 이해할 수 있다는 사실입니다.

개인의 태양별자리는 대략 80퍼센트 정도 정확하며 가끔은 90퍼센트까지도 정확한 경우가 있습니다. 이 정도라면 아무것도 모르는 것보다는 훨씬 낫지 않을까요? 물론 나머지 10~20퍼센트도 매우 중요하므로 무시할 수는 없습니다. 하지만 우리가 한 사람의 태양별자리를 안다면 이미 기본적인 정보들을 얻게 되는 것입니다. 태양별자리에 관한 지식을 신중하게 적용한다면 위험성은 전혀 없다고 할 수 있습니다. 우리가 나머지 10~20퍼센트로 인해 잘못된 정보를 얻을 수도 있다는 점을 유념한다면 자신 있게 태양별자리를 해석할 수 있습니다.

그렇다면 태양별자리란 무엇일까요? 태양별자리란 당신이 태어나서 첫 숨을 들이쉬던 그 순간 태양이 있던 특정한 위치, 즉 양자리·황소자리·쌍둥이자리 등을 말합니다. 이는 천문학자들이 계산해 놓은 천문력 ephemeris에 따라 추출해 낸 정확한 위치를 의미합니다. 일러두기에서 밝힌 바와 같이 어떤 태양별자리가 시작하는 날이나 끝나는 날에 태어난 사람의 경우에는 정확한 출생 시간과 출생 장소의 위도 및 경도를 알아야만 어떤 태양별자리에 해당하는지 정확하게 알 수 있습니다. 다시 말해 이 책을 포함하여 모든 천문해석학 책에서 태양별자리가 시작하는 날과 끝나는 날은 대략적인 날짜라는 점을 반드시 기억해 주길 바랍니다. 이 시작하는 날과 끝나는 날을 경계선이라고 하는데, 이 경계선은 다소 혼란스러운 부분이 있습니다. 어떤 천문해석가는 이 기간을 조금 더 길게 보는 경우도 있지만, 어쨌거나 초보자는 헷갈릴 수밖에 없습니다. 그러나 당신이 태어난 날의 태양별자리가 쌍둥이자리라면 아무리 그 날짜가 경계선에 가깝다고 하더라도 쌍둥이자리라고 보아야 합니다. 쌍둥이자리 앞 별자리나 그 다음 별자리의 영향력을 무시할 수는 없지만, 그렇다고 해서 당신을 황소자리나 게자리로 바꿀 정도로 쌍둥이자리의 특성이 가려지지는 않습니다. 특정 별자리에 위치하고 있는 태양의 광채를 약화시킬 수 있는 것은 아무것도 없으며, 경계선상에 태어난 경우 생기는 약간의 변수조차도 태양별자리의 특성을 완전히 바꿀 만큼 강력하지는 않습니다. 당신이 태어난 시간이 경계선에 해당하는지 정확하게 확인하고, 그런 경우라면 약간은 참작하되 그 다음에는 그 사실을 잊어버려도 괜찮습니다.

출생차트란 무엇일까요? 출생차트란 당신이 태어나던 순간에 하늘에 있던 모든 행성들의 위치를 마치 사진을 찍듯이 정확한 수학 계산에 따라 재구성한 지도라고 이해하면 좋습니다. 발광체인 태양과 달을 비롯하여 여덟 개의 행성이 있으며, 당신이 태어나던 순간에 위치한 12개의 별자리와 10개의 별들이 서로 맺고 있는 각도 및 위치가 당신의 삶에 영향을 미치게 됩니다.

예를 들어 당신이 6월 9일에 태어났다면, 태양이 쌍둥이자리에 위치하므로 쌍둥이자리이며 쌍둥이자리 특성 열 가지 중 대략 여덟 가지를 띠게 될 것입니다. 하지만 감정을 주관하는 달이 양자리에 위치한다면 당신의 감정적인 태도는 양자리의 특성이 나타납니다. 지성을 주관하는 수성이 전갈자리에 있다면 당신의 지적 처리 과정은 종종 전갈자리 특성을 나타내며, 언행을 관장하는 화성이 황소자리에 있다면 당신은 황소자리처럼 느리게 말하는 경향이 있을 것입니다. 또한 금성이 염소자리에 있다면 사랑을 비롯한 예술적이고 창조적인 일에서 염소자리와 같은 태도를 보일 것입니다. 그러나 이런 모든 행성들의 위치로 인한 특성도 태양별자리인 쌍둥이자리의 기본적인 특성을 완전히 없앨 수는 없습니다. 다른 행성들의 위치는 당신이 지닌 복잡한 성격에서 나오는 다양한 모습을 다듬어 주는 역할을 할 뿐이랍니다.

당신을 완벽하게 이해하기 위해서는 다른 요소들도 고려해 보아야 합니다. 먼저 당신이 태어난 시간에 여덟 개의 행성과 두 개의 발광체인 태양과 달이 어떤 각도를 맺고 있는지 살펴보아야 합니다. 그 각도에 따라서 해당 별자리의 영향력이 결정됩니다. 하지만 가장 중요한 것은 당신의 동쪽별자리와 동쪽별자리가 태양과 달 그리고 다른 행성들과 맺고 있는 각도입니다. 동쪽별자리는 상승점ascendant 또는 일출점rising이라고도 하는데 당신이 태어난 순간 동쪽 지평선에 있던 별자리를 의미합니다. 동쪽별자리는 신체적인 겉모습에 상당한 영향을 미치고,(물론 태양별자리도 겉모습에 많은 영향을 줍니다.) 태양별자리가 표현하는 지향성의 토대가 되며 당신의 진정한 내면을 구성합니다. 예를 들어 쌍둥이자리인 당신의 동쪽별자리가 물병자리라면 당신은 상당 부분 물병자리 성향을 띠기 때문에, 쌍둥이자리 특성 중에서 당신에게 있을 법한 특이한 성격이나 은밀한 욕망이 잘 드러나지 않는 이유가 궁금해질 것입니다. 모든 출생차트에서 태양별자리 다음으로 중요한 두 가지 요소는 바로 동쪽별자리와 달별자리입니다.

동쪽별자리를 알고 나서 태양별자리와 함께 차트를 해석하면 매우 흥미로운 사실을 깨닫게 됩니다. 바로 자신의 전체적인 성격에 대해 놀라울 정도로 정확하게 설명할 수 있다는 사실입니다. 여기에 세 번째 요소인 달별자리까지 고려해서 해석하면 당신의 성격에 대해 훨씬 더 정교한 그림을 얻게 됩니다.

다음으로 각 영역의 별자리도 고려해야 합니다. 영역은 출생차트에서 수학적으로 계산된 위치로, 당신의 다양한 삶의 분야에 영향을 미칩니다. 모두 열두 개가 있으며 각 영역마다 하나의 별자리가 할당됩니다. 첫 번째 영역은 항상 동쪽별자리의 지배를 받고, 나머지 열한 개는 시계 반대 방향으로 순서대로 위치하면서 열두 별자리를 완성합니다. 천문해석가는 당신이 태어난 정확한 시간과 장소에 근거하여 출생차트를 뽑고, 열두 개 영역에 해당하는 각 별자리들의 의미를 해석하고, 또한 각 영역에 들어가 있는 행성들의 의미를 고려합니다. 앞서 설명한 모든 요소들을 섞어서 당신의 성격, 잠재력, 그리고 과거의 과오와 미래의 가능성을 분석하는 것이 바로 종합적인 천문해석 기술입니다. 이것이 바로 천문해석가들의 시간과 노력 그리고 지식이 필요한 부분입니다. 차트를 계산하는 것 자체는 특정 수학 공식만 적용하면 상대적으로 간단하게 끝나는 일입니다.(최근에는 태어난 날짜, 시간, 장소를 입력하면 간편하게 출생차트를 볼 수 있는 별자리 프로그램이 다양하게 개발되어 있습니다.-역자)

하지만 우리는 결국 이 책에서 주로 다루는 태양별자리 이야기로 돌아갈 수밖에 없습니다. 어떤 면에서는 당신이 쌍둥이자리라고 하는 것은 당신이 뉴욕 출신이라고 말하는 것과 같은 맥락이라고 할 수 있는데 이것이 지나친 일반화는 아니기 때문입니다. 당신의 별자리를 알아내는 일보다 뉴욕 어느 바에서 텍사스 출신을 찾거나 텍사스 어느 식당에서 뉴요커를 찾아내는 일이 더 쉽지 않을까요? 조지 왕조 시대*의 정치가와 시카고 산업

---

* 조지 왕조 시대(Georgian era, 1714~1830): 조지1세~조지4세가 재위했던 영국의 중기와 후기 르네상스 시대.

시대의 사업가 사이에는 상당한 차이가 있지 않을까요? 당연히 매우 분명한 차이가 있습니다.

당신이 텍사스 출신이며 업무상 회의에 곧 참석할 어떤 사람에 대해 얘기하는 중이라고 가정해 봅시다. 누군가 "그 사람 뉴요커야."라고 말하면 즉각적으로 어떤 이미지가 떠오를 것입니다. 텍사스 사람보다는 말이 빠르고 짧을 것이며, 인간 관계에서도 텍사스 사람보다는 덜 따뜻할 것이고, 인사치레 없이 곧바로 사업 이야기로 들어갈 것입니다. 또한 서둘러 계약서에 서명하고 바로 동부로 날아가는 비행기에 몸을 실을지도 모릅니다. 섬세한 구석이 있을 것이고, 정치적인 면에서는 텍사스 사람보다 더 자유분방할 것입니다. 그렇다면 왜 이러한 순간적인 인상이 상당히 맞아떨어지는 것일까요? 왜냐하면 뉴욕 사람들은 빠르게 돌아가는 도시에 살고 있기 때문에 느리게 행동했다가는 지하철에서 자리도 못 잡고 비 오는 날 택시도 못 잡기 때문이지요. 어쩌면 계속해서 어깨나 팔꿈치를 문질러 대는 통에 품위 없어 보일 수도 있으며, 최신 연극도 보고 최고의 박물관에도 가봤을 테니 당연히 취향이 세련될 것입니다. 높은 범죄율과 복잡한 도시 생활로 인해 텍사스 사람만큼 가까운 이웃들에게 따뜻한 관심을 가질 리가 없으니 그의 성격이 다소 냉랭할 거라고 추측할 수 있습니다.

물론 뉴요커 중에 느리게 말하는 황소자리도 있고 천천히 움직이는 염소자리도 있겠지만, 텍사스에 사는 황소자리나 염소자리처럼 느리지는 않을 것입니다. 그렇지 않을까요? 또는 아무리 빨리 말하고 행동하는 쌍둥이자리라 할지라도 텍사스에 사는 쌍둥이자리가 뉴욕에 사는 쌍둥이자리만큼 빠르지는 않을 것입니다. 모든 것이 상대적이랍니다.

자, 그럼 그 사람이 뉴욕에 산다고 칩시다. 그리고 이제 이탈리아 출신이라는 사실도 알아냈다고 가정해 봅시다. 다른 이미지가 그려집니다. 여기에 그가 텔레비전 방송작가라고 한다면 또다른 이미지가 떠오릅니다. 게다가 결혼했고 자녀가 여섯 명이라고 하면 이젠 완전히 새로운 그림이 나타납니다. 그러므로 (비록 이것이 유추이고 모든 유추가 불완전하기는 하지만) 그가 뉴요커라고 말하는 것은 그가 쌍둥이자리라고 말하는 것과 유사하고, 다른 정보들은 그의 달별자리가 처녀자리이고 동쪽별자리가 전갈자리라는 것과 상응합니다. 하지만 추가 정보 없이 그가 뉴욕에 산다는 사실 하나만으로도, 그가 어느 도시 출신인지 모를 때보다는 훨씬 나은 상황에 있는 것이지요. 같은 방식으로 출생차트 없이 어떤 사람이 쌍둥이자리인지 사자자리인지 아는 것만으로도 불같은 성격의 사수자리를 대하고 있는지 현실적인 황소자리를 대하고 있는지 전혀 모를 때보다는 그 사람에 대해 많은 정보를 갖고 있는 셈입니다.

상세한 출생차트는 사람의 성격에 대해 보다 자세한 내용을 명확하게 드러내 줍니다. 출생차트를 보면 그의 삶 속에 녹아 있는 약물 중독, 자유분방한 성행위, 불감증, 동성애, 일부다처제, 정서장애, 가족으로부터의 소외, 또는 가족에 대한 집착, 숨겨진 재능, 경력 또는 부자가 될 수 있는 잠재성 등에 대해 두드러진 경향을 알 수 있습니다. 또한 정직과 부정직, 잔인함, 폭력, 두려움, 공포와 정신적 능력에 대한 경향도 분명하게 보여 줍니다. 이와 더불어 인생의 시기에 따라 일시적으로 두드러지는 성향도 잘 보여 줍니다. 뿐만 아니라 사고나 질병에 대한 민감함이나 면역력도 나타나고, 알코올, 섹스,

일, 종교, 자녀, 로맨스 등에 대한 숨겨진 태도 또한 드러나는 등 그 리스트는 무궁무진합니다. 정확하게 계산된 출생차트에 비밀이란 있을 수 없습니다. 개인의 자유의지가 경험하고자 하는 본인의 결정을 제외하고는 말이지요.

그러나 이렇게 완벽하게 분석하지 않더라도 누구나 태양별자리에 대한 이해만으로도 얻는 지식이 있으며, 태양별자리에 대한 지식은 우리가 서로에게 보다 더 관대할 수 있도록 해 줍니다. 상대방의 태도가 인간의 본성에 얼마나 깊이 뿌리 내리고 있는지 이해하고 나면, 당신은 그들의 행동에 대해 보다 더 동정심을 느끼게 됩니다. 태양별자리를 알고 나면, 냉정하고 균형 잡힌 전갈자리 부모가 보기에 불안하고 안절부절못하는 쌍둥이자리 아이가 실제로는 민첩하고 영리한 아이라는 사실을 깨닫고 인내심을 갖게 됩니다. 외향적인 학생은 내성적인 교사를 이해하게 되며 외향적인 교사는 내성적인 학생을 이해하게 됩니다. 처녀자리가 모든 머리카락을 한 올 한 올 가지런히 정리해야 하고 문제들을 철저히 조사하며 해결하기 위해 태어났다는 점을 이해하면 그들의 까다로움도 참을 수 있게 됩니다. 너무 바빠서 감사할 이유를 찾지 못하고 어디로 가고 있는지 알아채지 못하며 남의 발을 밟고 서 있어도 알아차리지 못하는 사수자리의 경솔함은 말할 것도 없습니다. 사수자리가 어떤 희생을 치르더라도 진실을 말할 수밖에 없는 사람이라는 사실을 알게 되면 그들의 솔직함에 상처를 덜 받게 됩니다.

    염소자리 친구가 당신이 건넨 선물에 일언반구의 감탄사도 내뱉지 않아도 당신은 심하게 상처받지 않을 것입니다. 염소자리는 마음속으로 깊이 고마워해도 그 기쁨을 공개적으로 표현할 줄 모르는 사람들이라는 것을 알고 있으니까요. 염소자리가 타인에게뿐 아니라 스스로에게도 엄격한 원칙을 들이대는 사람들이라는 것을 알면, 의무를 강조하는 그들의 고집 때문에 덜 속상해하게 됩니다. 천칭자리의 끝없는 논쟁과 우유부단함도 단지 공정하고 공평한 결정을 내리기 위해 애쓰는 그들 태양별자리의 특징이라는 것을 알고 나면 보다 더 참을 만합니다. 물병자리가 당신의 사생활을 캐려고 할 때도 그들이 인간의 내적 동기를 조사해 보고 싶은 충동을 주체

할 수 없는 사람이라는 점을 떠올려 보면 그다지 무례하다는 생각은 들지 않을 것입니다.

아주 간혹, 태양별자리는 사자자리인데 행성 대여섯 개가 물고기자리인 사람도 있습니다. 물고기자리의 영향으로 인해 사자자리 특성이 매우 억제되므로 도무지 그의 태양별자리를 추측하기 어려울 수도 있습니다. 하지만 이런 경우는 아주 드물며, 당신이 열두 개 별자리 특성을 모두 잘 알고 있다면 그 사람은 자신의 진정한 본성을 영원히 감출 수 없을 것입니다. 물고기가 아무리 사자를 숨기려고 해도 사자자리 태양별자리는 절대로 완전하게 가려질 수 없으며, 당신은 그 사람이 부지불식간에 드러내는 사자자리 특성을 잡아 낼 수 있을 것입니다.

태양별자리를 파악하려고 할 때 표면만을 대충 보고 판단하는 실수를 절대로 범해서는 안 됩니다. 염소자리라고 해서 모두 온순한 것은 아니고, 사자자리라고 해서 모두 외견상으로 타인을 지배하려고 하지도 않을 뿐더러 처녀자리라고 해서 모두 처녀는 아닙니다. 가끔 예금 통장을 여러 개 가지고 있는 양자리도 있고, 조용한 쌍둥이자리도 있으며, 심지어 실용적인 물고기자리도 있습니다. 당신의 눈을 사로잡는 한두 가지 특징 그 이상을 보아야 합니다. 화려하게 치장한 염소자리가 사교계 명사들의 인명록을 힐끔거리는 순간을 포착해야 하고, 수줍은 사자자리가 자신의 허영심이 무시당했을 때 입을 삐죽거리는 모습도 볼 수 있어야 합니다. 드물게는 경박한 처녀자리가 단지 싸다는 이유만으로 살충제를 한 상자나 사는 장면도 목격하게 될 것입니다. 조용한 쌍둥이자리여서 말은 빠르지 않을 수 있지만 머리는 제트기 같은 속도로 회전하고 있을 수도 있고, 예외적으로 검소한 양자리라도 은행에 갈 때는 선홍색 코트를 입고 불친절한 은행원에게 말대꾸를 할 수도 있습니다. 그리고 아무리 실용적인 물고기자리라도 시를 쓰거나 추수감사절 때마다 여섯 명의 고아를 초대하기도 할 것입니다. 눈을 크게 뜨고 잘 보면 어떤 별자리도 자신을 온전히 감출 수 없습니다. 심지어 애완동물도 태양별자리의 특징을 여과 없이 보여 준답니다. 처녀자리 고양이의 밥그릇을 낯선 곳에 옮겨 놓거나 사자자리 강아지를 무시하는 일이 없기를 바랍니다.

유명 인사나 정치인, 문학 작품 속의 주인공들을 대

상으로 별자리를 맞혀 보는 것도 재미있습니다. 그들의 별자리가 무엇인지 추측해 보거나 그들이 어떤 별자리 특징을 대변하고 있는지 짐작해 보세요. 이런 작업을 통해 당신의 천문해석학적인 재치는 더욱 예리해질 것입니다. 만화책의 주인공들도 시도해 볼 만한 대상들입니다. 찰리 브라운은 분명히 천칭자리일 것이며, 루시의 경우에는 동쪽별자리는 양자리이고 달별자리는 처녀자리에 태양별자리가 사수자리일 확률이 높습니다. 스누피는 누가 봐도 물병자리 개입니다. 희한한 스카프를 두르는가 하면 제1차 세계대전 당시의 비행기 조종사 헬멧을 쓰고 개집 위에서 붉은 남작*에 대한 상상의 나래를 펼치고 있는 걸 보면 틀림없습니다.(또한 해왕성과 충돌 각도를 맺고 있을 것입니다.) 이런 식으로 직접 누군가의 별자리를 생각해 보면 그 재미가 제법 쏠쏠합니다. 하지만 이보다 더 중요한 것은 태양별자리 맞히기 게임을 할 때 매우 진지하고도 유용한 것을 배우게 된다는 점입니다. 사람

---

* 붉은 남작(Red Baron): 제1차 세계대전 당시 전투기 80여 대를 격추한 독일 공군의 에이스 리히트호펜(Richthofen, 1892~1918)의 닉네임이다.

들의 숨겨진 꿈과 비밀스러운 소망과 참된 성격을 어떻게 인식할 것이며, 그들을 좋아하는 법과 그들이 당신을 좋아하게 만드는 법 그리고 당신이 알고 있는 그들을 제대로 이해하는 법을 터득하게 될 것입니다. 당신이 그들 마음속에 숨어 있는 무지개를 찾아 나설 때, 세상이 더 행복해지고 사람들이 더 멋져 보이게 됩니다.

    인생에서 가장 중요한 부분은 타인을 제대로 이해하는 것 아닐까요? 링컨 대통령이 이런 점에 대해 아주 간단하고 명백하게 말한 적이 있습니다.

> "문명의 가장 중요한 기능은 서로 익숙하지 않은 사람들 사이에서 의도하지 않은 적대 관계로 인해 발생하는 크고 작은 인간의 사악함을, 국가적으로 또는 개인적으로 바로잡는 것이다."

    지금 당장 태양별자리 공부를 시작하고 터득한 내용을 신중하게 적용해 보세요. 당신이 사람들 본연의 모습을 하나씩 벗겨 낼 때마다 사람들은 당신에게 어떻게 그런 새로운 통찰력이 생겼는지 궁금해할 것입니다. 실제로 열두 개 태양별자리를 이해하는 것만으로도 당신의 삶을 바꿀 수 있습니다. 당신은 지금 단 한 번도 마주친 적이 없는 미지의 사람들을 이해하기 위한 여정을 시작하려고 합니다. 하지만 머지않아 당신은 친구들은 물론이고 낯선 이들도 더 가깝게 느끼게 될 것입니다. 정말로 멋진 일 아닌가요?

당신을 알게 되어 행복합니다.
린다 굿맨

전갈자리

*Scorpio, the Scorpion,
Eagle or Gray Lizard*

10월 24일부터 11월 22일까지

지배행성 - **명왕성**

왕이 말을 계속했다.
"그 공포의 순간을 나는 절대, 절대로 잊지 못할 거요!"
"하지만 그걸 기록해 두지 않으면 잊어버릴걸요."

전갈자리를 알아보는 방법

♏

"문제는 어떤 게 주인이냐는 거야. 그게 다야."

백과사전을 보면 전갈은 길게 휜 꼬리로 독을 쏘아서 먹이를 공격하고 마비시키는 야행성 거미류로, 특히 자기방어와 파괴를 목적으로 사용되는 독침은 때로 치명적이라고 합니다.

    사람들은 어떤 이가 11월에 태어났다고 하면 "아, 그럼 전갈자리네요!"라고 하며 말을 더듬습니다. 두려움을 미처 감추지 못하거나 또는 경외감과 존경심으로 멈

칫거리기도 합니다. 그런가 하면 가끔은 전갈자리의 전설적인 열정을 두고 깔깔거리기도 합니다. 전갈자리들이야 자신의 별자리를 둘러싼 이러한 반응이 지겹기도 하겠지만, 사람들을 탓할 수는 없지요. 그럼 전갈자리들이 인정사정없는 냉혈한에다가 위험한 인물이라는 건 사실일까요?

답부터 드리자면 아닙니다. 사람에 따라 다르지요. 먼저 전갈자리를 알아보는 방법부터 터득하는 것이 좋겠습니다. 자기방어 차원에서든지, 아니면 정말로 우월한 인간상을 찾고 싶어서든지 말입니다.

전갈자리는 신분을 감추고 여행하는 것을 좋아합니다. 자신을 통제하는 본성이 있어서 대체로 자신을 잘 드러내지 않습니다. 그래도 위장한 전갈자리를 좀 더 쉽게 알아볼 수 있는 비법이 몇 가지 있습니다.

먼저 눈을 쳐다보세요. 눈동자 색깔은 녹색, 푸른색, 갈색, 검은색 등 저마다 다를 수 있지만 공통점이 있습니다. 전갈자리는 쳐다보고 있으면 최면에 걸릴 것 같은 강렬한 눈빛, 꿰뚫어보는 듯한 눈빛을 하고 있습니다. 전갈자리가 계속 쳐다보면 사람들은 대부분 이내 불안해지거나 심지어 아프기까지 합니다. 일단 그 눈빛을 피해 멀리 다른 곳을 쳐다보아야 하지요. 당신을 노려보는 전갈자리와는 눈싸움을 하지 마시길 바랍니다. 승산이 없습니다. 이것이 바로 명왕성을 지배행성으로 삼은 사람들을 알아볼 수 있는 확실한 방법입니다. 전갈자리의 눈은 당신을 깊숙이, 그리고 무자비하게 꿰뚫어보기 때문에 당신의 영혼에 침투하는 것 같은 기분이 들 것입니다. 실제로 전갈자리들은 그렇답니다.

그 다음으로는 말하는 것을 들어 보세요. 말소리는 벨벳처럼 부드럽고 허스키하거나 칼날 같이 예리하고, 말투는 느리고 신중하거나 스타카토처럼 딱 부러집니다. 하지만 어떤 경우에도 자신을 내세우는 법이 없습니다. 전갈의 자존심은 절대적입니다. 자신에 대해서라면 정확하게 알고 있어서 그 누구도 전갈의 스스로에 대한 자각을 바꿀 수 없습니다. 모욕을 들어도 귓등으로 흘려버리고, 칭찬을 들어도 동요하지 않습니다. 전갈은 그의 장점과 단점을 말해 줄 사람을 구하지 않습니다. 가서 당신의 생각을 말해 보세요. 잘하면 당신의 평가에 조용히 동의해 줄 수도 있습니다. 못하면 당신의 동기를 의심할 것입니다.

다른 방법도 있습니다. 이번에는 여러 사람과 함께 있을 때 별자리 이야기를 꺼내 보세요. 워밍업으로 사람들에게 태양별자리를 맞히는 일이 아주 쉽다고 얘기해 보세요. 혹시 누군가가 강렬한 눈빛으로 당신을 쳐다보면서 "제 별자리는 맞히지 못할걸요?"라고 말한다면, 단호하게 "당신은 전갈자리이겠군요."하고 말해 보세요. 그가 처음으로 눈싸움에서 먼저 눈을 깜박이는 순간일 것입니다. 하지만 이 순간조차 오래 가지 않습니다. 아주 잠시 그의 눈에서 강렬한 빛이 사라지겠지만 이내 침착함을 되찾고 그의 주특기인 위장 속의 평온을 구사합니다. 혹시 수다스럽거나 눈동자를 이리저리 굴리며 두리번거리는 전갈자리를 보았다면 당신은 도도새 같은 천연 기념물을 만난 셈이나 다름없답니다. 물론 가만히 있기 힘든 성향의 행성들을 출생차트에 많이 보유한 전갈자리도 있습니다. 하지만 여기서는 전형적인 전갈자리를 알아보는 법에 대해 공부하고 있다는 사실을 기억해 주시기 바랍니다. 불안해 보이는 전갈자리는 아주 드뭅니다. 출생차트에서 다른 행성들의 영향으로 인해 타고난 성향이 약간 변형될 수는 있지만 그 정도는 아주 미미합니다.

대부분의 명왕성인들은 강인한 신체를 타고납니다. 무엇보다 그들은 무겁고 날카로워 보입니다. 아주 핼쑥하거나 코가 두드러지게 크고 가끔은 매부리코도 있습니다. 대개는 피부가 아주 창백해서 거의 투명해 보일 정도이며, 눈썹이 짙고 미간이 좁아서 두 눈썹이 거의 붙어 있는 것처럼 보입니다. 또한 전갈이라는 상징처럼 매력적이면서도 열정적인 활력이 있습니다. 스스로는 차분하게 있으려고 애쓰지만 그 활력을 완벽하게 숨기기란 불가능하지요. 남성은 팔이나 다리에 털이 많고 약간 붉은빛을 띠기도 합니다. 전갈자리는 대부분 머리카락과 눈동자가 짙은 색깔이지만 그레이스 켈리처럼 완벽한 금발도 있습니다. 겉모습은 냉정해 보입니다. 침착해 보이는 전갈자리의 겉모습은 사실 이글이글 불타고 있는 내면을 숨기기 위해 신중하게 계산된 모습입니다.

이렇게 자신의 성격을 완벽하게 지배할 수 있다는 것은 부러워할 만한 점입니다. 아무리 감정이 흔들려도 전갈자리의 냉담하고 무표정한 얼굴에는 드러나는 법이 거의 없으니까요. 전갈자리는 자랑스럽게 의식적으로 무표정을 연습합니다. 그들은 스스로에게 흔들리지 말라는 명령을 내리고 몸은 그 명령에 복종합니다.(어떻게 전갈자리의 명령을 거부하겠습니까?) 전갈자리가 얼굴을 붉히거나 상기되거나 눈살을 찌푸리거나 미소 짓는 모습은 좀처럼 보기 어렵습니다. 이들은 좀처럼 웃는 법이 없지만, 한번 웃으면 그 웃음은 진짜입니다. 몸도 얼굴처럼 동일한 명령에 따르니까요. 전갈자리는 펄쩍펄쩍 뛰거나 갑자기 무언가를 시작하거나 예고 없이 신경질적인 태도를 보이는 법이 없습니다. 당황해서 위축되지도 않고 자신감에 우쭐대지도 않습니다. 항상 최소한의 반응만을 보입니다. 전갈자리가 불가해한 표정을 짓고 있다면, 그는 당신의 성격과 의도를 끈질기게 파악하는 중입니다. 그는 그 분야의 달인이지요.

하지만 전갈자리 중에서도 말과 행동이 다소 빠르고 태도가 개방적이고 친절한 유형이 있다는 점을 유념하시기 바랍니다. 이런 전갈을 만났다면 일단 그의 눈을 깊이 살펴보세요. 그리고 그가 과거에 한 행동과 솔직한 태도에 대해서도 곰곰이 생각해 보세요. 그는 좋게좋게 말하고 있지만 그저 게임을 하고 있는 거랍니다. 내면은 전형적인 명왕성형 인간답게 침착하고 강인하고 확고부동한 사람일 것입니다. 어쩌면 도리어 전형적인 전갈자리보다 더 위험할 수도 있습니다. 그의 탁월한 위장 능력에 당신은 더 쉽게 속아 넘어갈 테니까요. 전갈자리를 허심탄회하게 대해 보세요. 좀 곤란한 일이 생길지도 모릅니다. 전갈자리들에 대해서는 절대로 긴장을 늦추어서는 안 됩니다. 전갈자리가 사악하다는 의미는 아닙니다. 단지 무르거나 순진하지 않다는 뜻입니다. 개중에는 자신의 눈빛이 내면의 강렬함을 드러낸다는 사실을 깨닫고 심지어 밤에도 선글라스를 자주 쓰는 전갈자리도 있답니다.

전갈자리에게 그의 재능이 정말 대단하고 언젠가는 사람들이 그것을 알아볼 거라고 말해 주면, 그는 그저 무심하게 "네. 알고 있어요."라고 대꾸할 것입니다. 그에게 부탁이 있다고 말하면 이번에도 간단하게 대답할 것입니다. "네. 물론 들어 드려야죠." 또는 "아뇨. 들어 드릴 수 없어요." 둘 중에 하나일 것입니다.

만약 당신이 예민한 사람이라면 그에게 의견이나

조언을 구하지 마세요. 아주 적나라하고도 잔인한 진실과 맞닥뜨려야 할 테니까요. 당신이 물어보았으니 그는 말해 줄 것입니다. 전갈자리는 점수를 얻기 위해서, 혹은 같은 편을 만들기 위해서 마음에 없는 칭찬을 하지 않습니다. 전갈자리가 보기에 아첨은 격이 낮은 행동입니다. 그가 당신에게 무언가 좋은 말을 한다면, 그것을 소중히 여기세요. 그 말이 진실하다는 것을 믿어도 됩니다. 만약 전갈자리가 당신에게 목소리가 좋다고 말하면 당신은 샤워할 때에만 노래를 흥얼거릴 것이 아니라 당장 무대 위에서 마이크를 잡아도 됩니다. 만약 그가 당신 목소리가 훌륭하다고 말하면 바로 오페라 하우스에 오디션을 보러 가도 됩니다. 어떤 산이 당신의 앞길을 가로막고 있다면, 그는 당신을 돕기 위해 그 산을 없애 줄 것입니다. 전갈자리의 이기심에 대한 숱한 얘기들을 전부 다 믿을 필요는 없습니다. 대신 전갈자리의 현명한 조언과 관대함을 경험해 본 적이 있는 사람들의 말에 귀를 기울이세요. 자연히 사람들이 전갈자리를 대하는 태도는 자연스럽게 둘 중 하나이지요. 맹목적 의리와 전적인 존경의 대상이든가, 질투와 앙심을 품은 적이든

가. 하지만 적이라고 하더라도 전갈자리는 존경스러운 적으로 인식되는 경우가 많습니다. 그래서 악의를 품은 이들조차 전갈자리에게 공개적으로 도전하는 일은 삼가야 한다는 것을 알고 있습니다. 공개적으로 전갈을 공격해 본 몇몇 사람들은 전갈과 그의 지배행성인 명왕성을 공격할 때에는 조심해야 한다는 것을 생생한 고통을 통해 몸소 체험했을 것입니다. 명왕성은 원자력을 지배한다는 사실을 기억해 두세요.

하지만 전갈자리는 진심 어린 상냥함을 지니고 있습니다. 아프거나 절망한 사람들을 향한 다정다감한 연민도 있습니다. 전갈자리의 손길은 뜨거울 뿐만 아니라 차분하고 부드럽습니다. 전갈자리는 태양이 출생차트의 열두 영역 중 어디에 위치하느냐에 따라서 다른 모습을 보여 줍니다. 첫 번째 유형은 '야행성 전갈'입니다. 이 전갈은 타인은 물론이고 자신에게도 독을 쏘면서 단순한 쾌락을 쫓다가 죽음을 맞기도 합니다. 두 번째 유형은 '독수리'입니다. 찬란하게 비상하는 독수리처럼 현실의 제약을 극복하고 자신의 힘을 현명하고 공정하게 사용합니다. 맥아더 장군이나 루스벨트 대통령, 그리고 퀴리 부인이 이에 해당합니다. 미국 대통령 중에는 전갈자리가 가장 많습니다.

당신도 이미 야행성 전갈의 독에 쏘여 본 적이 몇 번 있을 것입니다. 고대 점성학에서는 이들을 뱀이라고 불렀습니다. 당신이 만난 전갈자리가 어떤 유형에 속하는지 판단하는 일은 어렵지 않습니다. 몇몇 전갈자리는 독수리와 (스스로 흑마법의 희생양이 되는) 독 전갈 중간쯤에 해당합니다. 이런 유형은 '회색 도마뱀'이라고 부릅니다. 회색 도마뱀들에게는 숭고한 자기희생 대신에 스스로를 지나치게 걱정하는 마음이 있습니다. 회색 도마뱀들은 이런 강박적인 염려 때문에 늘 악마가 자신을 해칠지도 모른다는 공포와 불안에 떨곤 합니다. 전갈자리의 단호한 용맹심은 초라하게 뒤틀려 버리고, 독 전갈처럼 무자비한 복수를 추구하지도 않고, 그렇다고 혜안이 있는 독수리처럼 쓰라림을 넘어서서 초연해지지도 못합니다. 대신 이들은 소소한 상처들을 증오의 넝쿨로 키워내면서 구석에 틀어박혀 있습니다. 결코 어떤 행동도 직접적으로 취하지 않고, 무의식적으로는 파괴를 바라고, 운명이 그들의 적을 벌하기만을 간절히 소망합니다.

회색 도마뱀 유형의 전갈자리는 명왕성의 힘을 끌어내지도 못합니다. 명왕성의 힘은 자신을 둘러싼 불행의 요소들을 모두 넘어서서 스스로를 한 차원 더 높여 줄 수 있는데, 안타까운 일이죠. 비극적 상황에 직면했을 때, 이런 경이로운 힘은 이들에게 밝은 세상에서의 새로운 삶을 선사해 줄 수 있습니다. 하지만 이들은 안타깝게도 어두운 그림자만 쫓아다니며 아무것도 하지 않고 가만히 누워서 자신의 잠재력을 낭비합니다. 그래도 전갈자리가 명왕성의 힘을 완전히 잃을 정도로 지독한 우울에 빠지는 일은 없습니다. 회색 도마뱀은 언제든지 독수리로 탈바꿈할 수 있습니다. 이런 심오한 마법은 전갈자리들만이 소유하고 있답니다. 주문을 외기만 하면 됩니다.

전형적인 독수리들은 두려움이 없습니다. 전쟁터에서도 떨지 않고 죽기 직전까지 자신의 부하들을 이끕니다. 아무리 평범한 전갈자리라도 남녀 모두 육체적인 고통이나 가난, 극심한 경멸이나 실패에 용감하게 맞섭니다. 그리고 이 시련을 극복하는 과정에서 탁월한 내면의 능력을 검증하며 자신감을 구축해 갑니다.

전갈자리는 친구들에게 무척 충실합니다. '사람이 친구를 위하여 자기 목숨을 버리면 이보다 더 큰 사랑이 없나니.'(요한복음 15:13) 어떤 전갈자리는 친구와 친지들, 그리고 사랑하는 이들을 위해 전쟁터나 위험한 사고 현장에서 이 구절을 그대로 실천합니다. 전갈자리 군인은 본능적으로 총탄 사이로 뛰어들어 동료를 안전한 곳으로 끌어냅니다. 전갈자리 소방관은 목숨을 걸고 불타는 건물 속에서 아이들을 구해 냅니다. 가끔은 명왕성인들이 자신의 강인함을 시험하기 위해 무의식적으로 폭력을 찾아다니는 것이 아닌가 싶기도 합니다.

전갈자리는 누군가에게 선물을 받거나 친절함을 입으면 절대로 잊지 않고 늘 후하게 보답합니다. 마찬가지로 상처나 부당함에 대해서도 절대로 잊지 않습니다. 하지만 그 반응은 다양합니다. 독수리 유형은 상대방에게 다시는 전갈자리를 해치면 안 된다는 것을 확실히 알려 주기 위해 그를 짓밟아 버리고는 패자를 보내 주고 자기도 떠납니다. 야행성 전갈은 일단 독침을 쏘고 나서 상대방을 파괴할 계획을 세운 다음 또다시 독침을 쏩니다. 전갈은 단순히 동등하게 주고받는 것으로는 만족하지 못합니다. 적을 완전히 파괴하거나 또는 적어도 적을 능가해야 직성이 풀립니다. 전형적인 독 전갈은 한밤중에도 자지 않고 자기가 받은 상처를 어떻게 돌려줄까 고심합니다. 만약 이웃 사람이 의도적으로 자기 자동차 범퍼를 긁으면, 그는 다음날 이웃의 양쪽 범퍼를 모두 긁어 놓을 것이고, 어쩌면 이웃이 잘 다듬어 놓은 나무 울타리도 받아 버릴지 모릅니다. 이러한 유형의 전갈은 단순히 상대방에게 입장을 바꾸면 어떤 기분이 드는지 가르치는 것만으로는 만족하지 못합니다. 늘 그 이상으로 갚아 줍니다. 하지만 회색 도마뱀 유형의 전갈자리는 다른 양상을 보이기도 합니다. 이들은 명왕성의 복수심을 수 년 동안 가슴 속에 비수처럼 간직하기 때문에 심각한 우울증이나 잘 낫지 않는 질병에 걸리기도 합니다. 가슴 속에 간직한 채 절대로 표현하지 않는 전갈의 끓어오르는 분노는 스스로에게 치명적인 독이 됩니다. 그렇다고 분노를 외부로 표출하고 나면 죄책감이 생깁니다. 독 전갈은 분노를 터뜨리고 나면, 자기의 행동을 수치스럽게 여깁니다. 그러므로 안으로 삭일 수도 없고 밖으로 표출할 수도 없지요. 독수리처럼 하늘을 한 번 올려다보며 잊어야 합니다. 절대로 분노와 복수심에 가득 차서 과거를 돌아봐서는 안 됩니다.

전갈자리의 건강은 성격을 그대로 반영합니다. 전갈자리는 지나친 우울이나 과로로 자기 몸을 해칠 수 있습니다. 하지만 동시에 심각한 질병도 잘 극복할 수 있습니다. 명왕성의 힘은 그렇게 강력합니다. 전갈자리는 좀처럼 아프지 않지만 한번 아프면 대체로 심각합니다. 잘 쉬어 주고 끓어오르는 분노를 고요하게 받아들이는 태도를 기르는 것이 가장 좋은 치료법입니다. 이들은 의사나 간호사보다 자기 몸을 더 잘 알고 있기 때문에, 혼자 있을 때 가장 잘 회복할 수 있습니다. 생식기관이나 코, 목, 심장, 척추, 등, 다리, 발목, 혈액 순환 계통 등에 세균이 감염되거나 사고의 위험이 있습니다. 스포츠를 즐기다가 하지 정맥류나 사고가 흔하게 발생하기도 합니다. 불, 폭발물, 유독 가스, 방사선 등을 피해야 합니다. 하지만 이상하게도 전갈자리는 이러한 종류의 위험이 있는 직업을 추구하는 경향이 있습니다. 가끔은 상습적으로 코피가 난다거나 어떤 이유로 코 수술을 하는 경우가 있습니다.

전갈자리는 종교에 관심이 많고, 삶과 죽음의 모든 측면에 강렬한 호기심이 있고, 섹스에도 열정적인 관심을 보이며, 개혁에 대한 욕구 역시 강렬하게 느낍니다. 그는 가족이나 사랑하는 사람과의 관계에 헌신하고, 어린이와 연약한 영혼들을 잘 보호해 줍니다. 전갈자리는 성자가 될 수도 있고 범죄자가 될 수도 있습니다. 그는 범죄와 타락을 신랄하게 비난할 수도 있고, 지옥의 가장 어두운 미스터리를 몸소 시험해 볼 수도 있습니다. 종교계에서 설교를 하든, 사업상 미팅을 하든, 연극 무대에 서든 간에 전갈자리의 최면적인 호소력은 청중의 마음을 꿰뚫어 꼼짝 못하게 하고 사람들을 변화시킵니다. 상당히 무서운 일이지요. 전갈자리가 일시적으로 괴로움에 빠져서 술을 마시거나 우범 지역에 간다고 해도, 단테의 『신곡』, 「지옥」 편에 나오는 구절처럼 건달들이 전갈자리가 오는 것을 보면 모두 길을 비켜 줄 것이라고 장담할 수 있답니다.

  전갈자리는 사회적 성공을 포함해서 자기 것이라고 믿는 대상에 맹렬한 소유욕이 있지만, 자신의 야망을 잘 드러내지 않습니다. 그는 자신이 더 높은 직책을 맡을 자격이 있음을 알면서도 조용하게 기회를 기다립니다. 천천히, 하지만 확실하게 장악합니다. 전갈자리는 자신이 원하는 것은 거의 무엇이든 할 수 있습니다. 전갈자리가 정말로 원하면 그것은 더 이상 꿈이 아닙니다. 전갈자리의 지배성인 명왕성의 어둡고 신비한 힘은 전갈자리의 욕망을 현실로 바꿔 놓습니다. 그 욕망은 냉정하면서도 신중하고 방향이 확실한 의도 아래 현실이 됩니다.

인간이 가장 타락한 모습을 알고 싶어 하는 병적인 욕망 때문에 잔인함에 탐닉하는 회색 도마뱀 유형의 전갈자리가 탄생하기도 하지만, 이런 욕망을 동력으로 삼아서 의약 쪽으로 인생의 경로를 완전히 바꿀 수도 있습니다. 소문난 사디스트적인 외과 의사 중에는 전갈자리가 많지만, 또한 다수의 유능한 의사들이 명왕성의 영감을 받아서 신비하고도 불가해한 지식으로 사람들의 몸과 마음을 치료해 줍니다.

전갈자리는 삶과 죽음의 비밀을 알기 위해 태어났고, 마음만 먹는다면 이 두 가지를 모두 정복할 수 있는 능력이 있습니다. 하지만 천문해석학에서는 끊임없이 전갈자리에게 '알고 있다는 사실을 알아야만 한다.'라고 조언합니다. 고대의 비밀은 지성이 뛰어난 전갈자리에게 매우 매력적입니다. 전갈자리는 인간의 본성을 잘 꿰뚫어보기 때문에 뛰어난 탐정이 되기도 하고, 위대한 작곡가가 되기도 합니다. 또한 세대를 뛰어넘는 깊이 있는 문학 작품을 쓰기도 하고, 독특하고도 극적인 강렬함을 분출하는 배우가 되기도 합니다. 전갈자리는 때로는 혼자 바닷가에서 바다처럼 강하고 고요하게 살기도 합니다. 그런가 하면 때로는 신중하고 자제력 있는 가면 뒤에 이기고자 하는 강렬한 욕망을 숨기고 대중 앞에 나서기도 합니다. 정치가나 텔레비전 스타, 장의사 또는 바텐더가 될 수도 있지만 무엇을 하든 전갈자리는 자신의 경쟁자들을 모두 능가할 것입니다. 이들의 승리는 때때로 싱겁기까지 해서, 전갈자리의 강인한 의지 덕분이라기보다는 마치 운명인 것처럼 보이기도 합니다.

　천문해석학에서 볼 때 가장 이상한 패턴 중에 하나는, 전갈자리가 태어나기 1년 전후로 가족이나 친척의 죽음이 있다는 것입니다. 그리고 전갈자리가 죽을 때는 1년 전후로 새로운 가족이 탄생하곤 합니다. 이런 일은 실제로 95퍼센트 정도의 확률로 발생합니다. 명왕성의 상징은 스스로를 불태운 재 속에서 부활하는 승리의 불사조입니다. 전갈자리는 이 상징을 전형적으로 보여 줍니다. 회색 도마뱀과 독 전갈은 모두 위풍당당한 독수리가 될 수 있습니다. 그 마법의 비밀을 드러내지 않으면서도 할 수 있습니다. 어떻게 가능한지 물어보아도 소용없습니다. 전갈자리는 절대로 말하지 않을 테니까요. 하지만 전갈자리는 0(영)이라는 상징에 담겨 있는 원의 영원한 진실을 알고 있습니다.

    11월의 엉겅퀴는 위험하지만, 우울하고 나른한 아름다움이 있는 전갈자리 인동초와 뒤엉켜서 자랍니다. 고요한 여름밤에 그 달콤하고 숨 막히는 향기를 맡아 본 적이 있나요? 그렇다면 사람들이 전갈자리의 강렬한 부드러움을 구하기 위해 엉겅퀴의 위험도 감수하는 이유를 알 수 있을 것입니다. 명왕성의 폭발적인 열정은 혈석의 풍부하고도 진한 붉은 와인색을 띱니다. 하지만 전갈자리의 철은 용광로의 매서운 열기 속에서 차갑고 부드러워질 때까지, 그리하여 마침내 전갈자리의 지혜라 불리는 아홉 개의 영적인 불꽃을 통제할 수 있을 만큼 강하게 단련될 것입니다.

전갈자리로 알려진 유명인

그레이스 켈리Grace Kelly　　　더글러스 맥아더Douglas MacArthur

로버트 케네디Robert Kennedy　　마르틴 루터Martin Luther

빌리 그레이엄Billy Graham　　　비비안 리Vivien Leigh

인디라 간디Indira Gandhi　　　캐서린 헵번Katharine Hepburn

퀴리 부인Madame Curie　　　　파블로 피카소Pablo Picasso

마리 앙투아네트Marie Antoinette

시어도어 루스벨트Theodore Roosevelt

*거스 히딩크Guus Hiddink　　　*빌 게이츠Bill Gates

*알베르 카뮈Albert Camus　　　*오귀스트 로댕Auguste Rodin

*이던 호크Ethan Hawke　　　　*조디 포스터Jodie Foster

*줄리아 로버츠Julia Roberts　　*힐러리 클린턴Hillary Clinton

*리어나도 디캐프리오Leonardo Di Caprio

*마틴 스코세이지Martin Scorsese

*강우석　　　　　　　　　　*구혜선

*김혜자　　　　　　　　　　*보아

*소지섭　　　　　　　　　　*한석규

*한지민　　　　　　　　　　*한혜진

전갈자리 남성

♏

앨리스는 커다란 파란색 애벌레와 눈이 마주쳤다.
애벌레는 버섯 위에 팔짱을 끼고 앉아
조용히 긴 수연통으로 담배를 피우고 있었다.
애벌레와 앨리스는 아무 말 없이 서로 잠시 바라보았다.

당신이 전갈자리 남성과 사랑에 빠졌는데 열정이라는 말이 당신을 두렵게 만든다면 당장이라도 운동화를 신고 마치 킹콩에게 쫓기는 사람처럼 도망가세요. 전갈자리 남성은 실제로 킹콩 같답니다.

사랑이라는 열정은 전갈자리 남성의 열정 리스트에서 첫 번째 자리를 차지하겠지만, 그 리스트는 제법 깁니다. 정치, 직업, 우정, 종교, 음식, 친척, 아이들, 옷, 생활, 죽음 등 당신이 생각해 낼 수 있는 모든 것들이 다 그 열정의 대상입니다. 당신이 지나치게 흘러넘치는 감정을 거북해하는 사람이라면 전갈자리 남성은 당신이 원하는 바로 그 사람이 아닙니다. 뒤돌아보지 말고 그냥 도망가세요.

만약 당신이 좀 남다른 명왕성인을 만났다면 지금 제가 하는 말이 아마 잘 이해가 안 갈 것입니다. 그 전갈자리 남성이 매우 차분하고 한결같은 사람일 수도 있으니까요. 그렇게 절제를 잘하는 사람이 어떻게 열정적일 수 있겠냐고 반문하겠지요. 그 사람이 위험천만하다는 건 더더욱 믿을 수 없다고 도리질을 할 것입니다. 하지만 실제로 그렇답니다. 그는 겉으로만 침착한 척할 뿐입니다. 전갈자리 남성의 심장 속에 지펴진 정열은, 당신이 서너 살 적에 손에 닿지 않는 것들을 잡으려고 팔을 뻗었다가 난로에 데었을 때처럼 뜨겁습니다. 그도 어쩌면 손에 닿지 않는 사람일지도 모릅니다. 기만적일 정도로 잘 제어된 모습을 보이지만 그의 내면은 이글거리며 타오르고 있습니다. 만지지 마세요. 불에 덴 상처가 나으려면 얼마나 오랜 시간이 걸리는지 잘 알고 있지요?

기억나세요? 아기 신발을 신고 아장아장 걷던 시절에 난로에 손을 데고는 몇 주 동안이나 아팠지요. 그런 경험을 하고 나면 당신의 마음은 몇 달, 어쩌면 몇 년 동안 아플 것입니다. 그럴 때에는 어떤 응급 처치약도 별 도움이 되지 않습니다. 할머니가 즐겨 말씀하시던 "예방이 최선이다."라는 말은 난로에 델 때나 전갈자리에게 화상을 입을 때나 모두 적용되는 말이니 조심하는 것이 좋지요. 당신은 지금 당신이 누구와 무슨 일을 하려는 것인지 확실히 알고 있어야 합니다.

당신의 태양별자리가 불을 막아 줄 석면을 충분히 제공하고 있다면 폭탄을 갖고 놀아도 됩니다. 그 화염을 잘 제어한다면 당신은 평생 동안 마음을 따뜻하게 덥혀 줄 온기를 얻을 수도 있습니다. 아마도 당신 역시 모든 일에 열정적인 사람이겠지요. 좋습니다. 이제 문제는 그 열정의 온도겠네요. 당신의 열정에 자동 온도 조절 기능이 있다면 안전합니다. 하지만 그렇지 않다면 그 위험은 말할 필요가 없겠지요. 열심히 도망가서 멀리 피해 있는 것이 좋습니다. 그리고 언젠가 친절하고 안전한 천칭자리나 게자리를 만나 결혼한 뒤에 저에게 감사하게 될 것입니다.

    명왕성의 지배를 받는 인간과의 관계에서 자신은 안전하다는 분석에 도달한 여성이 있다면, 그 최면적이고 꿰뚫어보는 듯한 전갈자리의 눈빛 너머에 무엇이 숨어 있는지 한번 찾아봅시다. 그는 아마도 중립적인 인상을 주지는 않을 것입니다. 전갈자리 남성은 당신으로 하여금 그가 순진하고 친절하거나 아니면 사악하고 열정적이라고 생각하게 만들었을 것입니다.(열정이라는 말이 또 나오는군요.) 그런데 문제는 전갈자리 남성은 실제로 어느 쪽도 아니라는 것입니다. 아니면 양쪽 다 해당된다고 해야 할지도 모르겠네요. 이런 식으로는 결론이 나지 않겠죠? 그럼 처음부터 다시 시작해 볼까요?

    한 마디로 말해서 전갈자리 남성은 아무도 감당할 수가 없답니다. 얼음장처럼 차가운 겉모습 바로 뒤에는 부글거리면서 끓고 있는 큰 가마솥이 있답니다. 당신이 운이 좋다면 그는 그 가마솥 뚜껑을 평생 잘 덮어 두겠죠. 하지만 그가 깊은 상처를 입는 날에는 그 육중한 가마솥 뚜껑이 수직으로 치솟아 날아가 버릴 것입니다. 당신이 폭발 현장 근처에 있지만 않다면 그 광경을 지켜보는 것 자체는 매우 흥미로울 것입니다. 그럴 조짐이 보이면 한 발짝 물러나 있으세요. 무엇보다도 당신이 직접 폭발의 기폭제가 되는 일은 없어야지요.

　　전갈자리 남성은 열정과 냉정이라는 두 가지 상반된 특징으로 당신을 어리둥절하게 만들 것입니다. 전갈자리는 실제로 이 두 가지의 대가입니다. 지성과 감정이 모두 똑같이 그를 지배하고 있답니다. 전갈자리는 똑똑함을 넘어섭니다. 그는 고도로 진화한 종족으로, 존재의 신비에 대해 심오한 철학적 깊이가 있으며, 그 해답에 매우 가까이 다가갈 것입니다.

　　전갈자리 중에는 난해한 미학적 이유로 거의 아무것도 없는 방에서 모든 안락함을 거부하며 검소하게 사는 사람도 있지만, 사실 전갈자리는 상당히 감각적입니다. 대체로 전갈자리는 사치스러움에 둘러싸여 삽니다. 음식, 약, 술, 그리고 사랑에 지나치게 탐닉하는 경향을 보입니다. 특히 사랑에 있어서는 예외가 없지요. 전갈자리는 자신감 있게 사랑을 할 준비가 되어 있습니다. 전갈자리 남성은 절대로 사랑에 놀라거나 당황하는 법이 없습니다. 사랑을 눈치 채지 못하고 지나치는 법도 없습니다. 어린 시절 처음으로 자전거를 탈 때부터 사랑이라는 감정을 마음에 품고 있습니다. 어쩌면 세발자전거를 탈 때부터인지도 모릅니다. 물론 당신은 정말 순진무구한 얼굴로 상대방을 무장 해제시키고 여성을 유혹하려는 데는 별 관심 없어 보이는 전갈자리 남성을 알고 있을지도 모릅니다. 당신은 그를 보면서 전갈자리의 열정이 지나치게 과대평가되었다고 결론지었을 것입니다. 아니나 다를까 그의 얼굴에는 주근깨가 흩뿌려져 있고 그의 서랍에는 보이스카우트 시절 받은 공로 배지가 가득합니다. 하지만 그의 아내에게 물어보세요. "저기요, 혹시 당신 남편이 열정적인가요?" 그의 아내는 간신히 품위를 지키며 당신이 알 바가 아니라고 말하겠지만, 아마도 발작에 가까운 웃음소리로 대답을 대신할 것입니다. 그의 아내는 웃으면서 남편이 공기 오염, 애완동물의 대소변 가리는 문제, 마취제, 장발, 산아제한, 그리고 수많은 (에헴) 밤들에 대해 강렬하고도 열정적으로 의견을 표명하던 모습을 떠올릴 것입니다. 아무리 그 남편이 허클베리 핀처럼 생겼고 킹콩과는 전혀 닮지 않은 전갈자리라고 해도 이것만은 피해 갈 수 없는 사실일 것입니다.

전갈자리 남성의 폭발적인 기질은 평생토록 지워지지 않는 상처를 남길 수도 있습니다. 전갈은 자신의 치명적인 꼬리를 흔들면서 강력한 독침을 쏩니다. 단지 승리를 즐기는 것이 아니라, 반드시 승리해야만 합니다. 그는 패배한다면 그것이 아무리 작은 일이라도 내면의 무언가가 죽는 기분을 느낍니다. 하지만 이상하게도 전갈자리 남성은 일반적으로 스포츠맨십이 훌륭한 편입니다. 그는 절대로 실망한 기색을 겉으로 드러내지 않으며, 자신의 감정을 완벽하게 통제합니다. 연애 감정을 느낄 때에도 마찬가지입니다. 연애를 피해야 하는 타당한 이유가 있을 때에는 겉으로야 냉정하게 평정을 유지하겠지만 속은 타들어 갈 것입니다. 또한 어떤 여성을 머리채를 쥐어서라도 자신의 엉겅퀴 덤불로 데리고 가겠다고 작정하면 잔인하게 고문할 수 있는 위인이기도 합니다. 물론 무릎을 꿇고 예의바르게 청혼하는 전갈자리도 있습니다. 이들은 아주 온당하고 품위 있게 행동하겠지만 그 모습에 속아서는 안 됩니다. 어떤 비용을 치르더라도 품위를 지키고 싶어 하는 전갈자리의 욕망에 불과하니까요. 당신의 명성에도 흠이 없어야 합니다. 그는 자신의 에로틱한 취향에도 불구하고 남들에게 조롱당하거나 싸구려 취급을 받는 것은 참을 수 없을 테니까요.

전갈자리 남성은 주일학교 교사처럼 죄에 대한 공포심을 느낄 수도 있습니다. 이러한 성향은 빌리 그레이엄 목사 같은 종교계 리더를 탄생시키기도 합니다. 또는 인간의 신비에 담겨 있는 모든 어두운 요소들을 통찰하고 싶은 호기심에 이끌릴 수도 있습니다. 가끔은 이런 두 가지 요소가 결합되어서 엘머 갠트리*처럼 위선과 자기기만에 젖은 사람이 될 수도 있습니다.

모든 전갈자리는 자신이 곧 법이고, 남들이 자기를 어떻게 생각하든 전혀 개의치 않습니다. 훌륭하고 믿음직한 시민으로서 존경받고 싶어 하지만, 그런 바람이 자신의 열정적인 아이디어나 목표를 방해하면 법이나 규율, 그리고 사람들까지도 완전히 무시할 수 있습니다.

---

* 엘머 갠트리(Elmer Gantry): 미국의 작가 싱클레어 루이스의 종교 풍자소설이다. 말솜씨를 무기 삼아 유능한 전도사가 되는 사기꾼 세일즈맨의 이야기로 영화로도 만들어졌다.

남들이 뭐라고 해도 지옥에나 가라고 해 버립니다. 중요한 결정을 할 때에는 친구나 가족, 이웃 또는 적 그 누구라도 방해할 수 없답니다. 미안하지만 심지어 당신도요. 그렇다고 아직은 도망가지 마세요. 근사한 자신감과 목적에 대한 확신 덕분에 남들의 시선이나 생각에 구애받지 않는 매력적이고 자유로운 영혼이 탄생할 수 있는 거니까요. 정직과 용기, 그리고 진실성이 나쁜 성품은 아니잖아요. 오늘날에는 이러한 덕목들이 빛이 조금 바래기는 했지만 그 위에 쌓인 먼지를 털어내면 여전히 진품으로 가치를 평가받을 수 있을 것입니다.

전갈자리 남성이 역경의 검은 구름 속에서 어떻게 헤쳐 나가는지를 보는 것은 대단한 경험입니다. 다른 사람들이 휘청거리며 투덜대는 동안 전갈자리 남성은 강인하게 최선을 다합니다. 그는 좀처럼 질투심이나 자기연민에 빠지지 않으며, 삶이 자신을 시험하려 한다는 생각은 전혀 하지 않습니다. 이런 태도가 얼마나 시간을 많이 절약해 주는지 짐작할 수 있을 것입니다. 정말로 심각한 문제에 봉착했을 때, 그는 분노로 얼룩진 채 상처에 주저앉아 있지 않으며, 문제를 정면으로 돌파합니다. 문제를 결국 극복할까요? 물론이지요. 그게 바로 전갈자리가 태어난 이유인걸요.

당신은 어떤 부분에서는 조금 무섭기도 할 테고, 용기가 필요할 수도 있습니다. 전갈자리는 신비한 미스터리를 사랑하는 사람들로, 그의 사전에 풀 수 없는 문제란 존재하지 않습니다. 신비주의 전략은 동서고금을 막론하고 여성들의 가장 효과적인 방어책이자 공격 무기인데, 그런 비밀이 벗겨지면 당신은 발가벗겨진 듯한 기분이 들 것입니다. 전갈자리 남성이 이글거리는 눈으로 쳐다보며 예리한 질문을 던지기 시작하면 당신은 어떠한 비밀도 더 이상 간직할 수 없을 테니까요.

전갈자리 남성은 친구를 선택하는 기준이 꽤나 까다롭습니다. 전갈자리의 친구가 될 자격이 있어야 하지요. 전갈자리 남성은 음탕한 엘리자베스 시대에 딱 어울리는 남자들과 거친 농담을 나누다가도 수수께끼 같은 본성을 안에 가둔 채 온화하고 다정한 연인으로 변신할 수 있는 흔치 않은 사람입니다. 남성들에게 무엇을 더 바랄 수 있지요? 복종과 용서? 객관성과 신중함? 그건 공평치 않지요. 처음부터 전갈자리 남성에게 이런 점들이 부족하다는 것은 이미 알고 있었으니까요.

전갈자리는 가끔 이해할 수 없는 이유로 잔인해지기도 합니다. 친구들 앞에서 가학적인 유머 감각을 발동하여 당신을 뚱뚱하고 땅딸막하며 성질이 더럽고 재미없는 사람이라고 묘사하기도 합니다. 사적인 농담이니 속상하더라도 그냥 웃어넘기세요. 전갈자리는 자기 의도를 숨겨야만 살 수 있는 종족으로, 사랑을 할 때에도 이러한 성향이 사라지지 않는다고 이미 경고했잖아요. 어쩌면 정도가 더 심해질 수도 있습니다. 쉽게 상처 받고 고통스러워하는 어린 학생 같은 세상 사람들에게 자신의 진정한 감정을 보여 줄 리가 없습니다. 나중에 당신과 단둘이 있을 때 진짜 자기 생각을 얘기해 줄 것입니다.

당신은 결혼한 다음에는 어느 정도 안정감을 느끼게 되겠지만, 결혼 전이라면 전갈자리 남성의 장난에 상처를 받고는 웃음으로 그냥 넘길 수 없을지도 모릅니다. 하지만 혼자서도 잘 살 수 있다는 듯한 그의 가혹한 태도 때문에 다리에서 뛰어내리고 싶은 심정이라고 그에게 말할 생각이라면 아예 포기하는 것이 좋습니다. 전갈자리 남성은 뛰어내리고 싶으면 뛰어내리라고 말할 테니까요. 그의 성격에 적응하기까지는 시간이 좀 걸리겠지만 결국 당신도 강해질 것입니다. 당신이 아주 약한 사람이라면 이곳저곳에 멍이 들겠지요. 잔혹한 진실과 직면할 준비가 되어 있지 않다면 그에게 새로 산 옷이나 머리 스타일에 대해 어떻게 생각하는지 묻지 마세요. 적어도 그가 긍정적인 말을 할 때에는 지리멸렬한 아첨이 아니라 진실한 말이라는 것쯤은 알고 있을 것입니다. 가끔은 "정말 끔찍해 보여요."라는 솔직한 의견에 대범해지세요. 그러면 아주 가끔이기는 하겠지만 "당신 정말 아름다운데요?"라는 말로 보상받을 것입니다. 이보다 더한 진심은 없습니다. "네, 좋아 보여요. 음, 괜찮아요."라는 다른 남자들의 형식적인 얼버무림보다는 훨씬 낫지요. 그렇게 생각하지 않으세요? 저는 그렇게 생각해요. 하지만 전갈자리 남성에게 적응하고 살아야 하는 사람은 제가 아니라 당신이지요.

질투심에 대해서는 아주 조심하는 것이 좋습니다. 당신이 눈에 사과주스가 들어가서 근처에 있는 남성에게 윙크라도 하는 것처럼 보이면 거대한 화산 폭발이 일어날 것입니다. 당신이 진정 용감한 여인이 아니라면 전갈자리 남성이 의심할 만한 거리를 제공하지 않는 것이 신상에 좋습니다. 하지만 당신의 질투심은 트렁크에 싸서 잠가 두는 것이 좋습니다. 분노의 눈물을 흘리거나 그를 비난한다고 해도 전혀 소용없을 것입니다. 그가 어떻게 행동하든지 스스로 되뇌세요. '그가 바람을 피운다 해도 어디까지나 그가 사랑하는 사람은 나니까, 진정한 사랑을 버리는 일은 없을 거야. 그는 깊은 관계를 맺고 사는 사람들에게 충실한 사람이야. 저 여자들에게는 그저 최면술을 연습하고 있는 것뿐이야.'라고 생각하는 것이 좋습니다. 식사 때마다 숟가락을 들기 전에 한 번씩 혼자 그렇게 말하고, 아침에 눈을 뜰 때도, 잠자리에 들 때도 한 번씩 더 되새기세요. 특히 잠자기 전에는 꼭 하는 것이 좋습니다. 전갈자리 남성은 여성들을 저항할 수 없게 만들 정도로 매력 있는 사람이기는 하지만, 반면 여성들의 질긴 추파와 끝없는 유혹을 거부할 수 있을 만큼 강한 사람이라는 점을 기억해 두시기 바랍니다. 많이 위로가 되지요? 그럴 겁니다. 사실이니까요.

전갈자리 남성은 엄한 아버지가 될 것입니다. 자녀

들이 게으름을 피우거나 경솔하게 행동하면 그냥 넘어가지 않습니다. 전갈자리 아버지는 아이들에게 재산을 소중히 하고 동시에 자존감을 가지라고 가르칩니다. 전갈자리 아빠를 둔 아이들은 잘못된 가치관을 형성할 가능성이 거의 없습니다. 전갈자리 아버지는 자신이 아끼는 것에 애정을 쏟듯 아이들에게도 진솔하게 열정을 쏟으며 아낄 것입니다. 하지만 불합리한 것은 결코 참지 않습니다. 필요할 때는 보호해 주지만 아이들은 머지않아 알게 될 것입니다. 아버지가 그들이 홀로 서기를 바란다는 것을 말입니다. 아버지에게 돈을 빌리면 이자까지 갚으라고 할 가능성이 높지만, 모두 아이들을 위한 것입니다. 아이들은 아버지가 돌아가실 때까지도 이해하지 못할 수 있지만, 결국 언젠가는 전갈자리 아버지의 가르침을 이해할 날이 올 것입니다. 전갈자리 아버지를 둔 자녀들은 대다수가 (특히 반항심이 많은 시기에는) 어린 시절 아버지가 고압적인 권위와 엄격한 규율을 내세운 것에 분개합니다. 하지만 어른이 되면 아버지에게 엄격한 지도를 받은 것이 행운이었음을 깨닫게 됩니다. 실제로 전갈자리 아버지에게 배운 인생의 진실은 다른 별자리 아버지로부터는 배울 수 없는 것들이지요. 전갈자리 아버지는 대개 친절하고 재미있지만, 누가 어른인지에 대해서만은 흔들림 없는 원칙을 보여 줍니다. 전갈자리 아버지는 아이들에게 농담도 하고 같이 웃고 아이들을 자유롭게 해 주지만, 절대 넘지 말아야 하는 분명한 선이 있습니다. 아이들은 비록 아버지의 명령하는 태도에 분개할지라도 내심 아버지의 힘을 존경하고 있습니다. 그래서 그것을 모방하려다 종종 엉뚱한 결과를 초래하기도 합니다. 유순한 아이라면 전갈자리 에너지를 자신을 괴롭히는 위협적인 힘으로 느낄 수도 있습니다. 이 아이는 아버지를 실망시키는 것을 너무나 두려워하는 내성적인 아이로 성장할 수도 있습니다. 그럴 때면 당신이 전갈자리 남편에게 알려 주어야 합니다. 애정과 부드러운 태도가 강압적인 태도보다 더 효과적일 수 있다는 사실을 말입니다. 물론 아주 요령껏, 남편을 무시하지 않으면서 잘 말해야겠지요. 전갈자리 남성은 여성이 자신을 가르치려 드는 것을 절대로 용납하지 않을 것입니다. 수만 년이 지나도 이런 일은 있을 수 없지요. 자신은 남성이고 당신은 여성이며, 만약 당신이 그 사실을 의심한다면 정색을 하고 당신을 확실하게 가르치려고 들 것입니다. 하지만 자신을 진정으로 이해하고 있는 아내를 둔 전갈자리 남성은 부드럽고 이해심이 많으며 사려 깊게 행동합니다. 뭇 여성들이 책에서나 읽어 보고 꿈꿀 법한 그런 사랑으로 아내의 신의를 보상해 준답니다.

일단 불꽃이 일기 시작하고 전갈자리 남성이 당신을 자기 사람으로 만들기로 작정했다면 그를 피해 보았자 별로 소용이 없을 것입니다. 당신에게 최면을 걸어 꼼짝도 못하게 만들 것입니다. 전갈자리 남성의 자기력은 손으로 만질 수 있을 것만 같습니다. 그럴 수만 있다면 당신은 놀랄 것입니다. 당신이 과민하고 약한 사람이라면 그 자성이 너무 뜨겁게 느껴질 테고, 반대로 인내심이 있고 강인한 사람이라면 마치 시원한 대리석을 만지는 느낌일 것입니다. 전갈자리 남성을 만나는 여성은 다른 여성들과는 확연히 다릅니다. 용감한 여성만이 독수리와 함께 날면서 추락하지 않을 수 있습니다. 독수리는 전갈자리의 주성인 안타레스Antares보다 더 높이 하늘로 날아오르다가 갑자기 하강할 수도 있답니다. 꼭 잡고 눈을 크게 뜨고 있으면 그와 함께 지평선을 볼 수 있을 것입니다. 겁쟁이들은 절대로 볼 수 없는 광경이지요. 저기 저 큰 전나무 숲 뒤를 보세요. 저렇게 아름다운 일출을 본 적이 있으세요? 일몰 역시 장관일 것입니다.

전갈자리 여성

♏

"뭔가를 생각해. 울지만 말고…"

전갈자리 여성에게는 깊고 신비스러운 아름다움이 있습니다. 그녀는 매력적이고 당당하고 자신감이 넘쳐 보입니다. 하지만 딱 한 가지 그녀에게는 그 누구도 모르는 회한이 있습니다. 바로 남자로 태어나지 않은 것이죠.

명왕성 여성이 위의 글을 읽는다면 느낄 분노의 열기가 여기까지 전해지는 것 같습니다. 실제로 자신을 여성스럽지 않다고 생각하는 전갈자리 여성은 한 명도 없으며, 만약 당신이 전갈자리 여성과 사랑에 빠져 있다면 제가 도대체 무슨 얘기를 하는 건지 의아해하실 겁니다. 전갈자리 여성은 물론 충분한 매력을 가지고 있을 뿐더러 대단히 유혹적입니다. 제 말은 전갈자리 여성이 남성적이라는 게 아닙니다. 여성으로서의 역할을 잘하지 못한다는 뜻은 더더욱 아닙니다. 다만 무의식적으로 전갈자리 여성은 남자로 태어나는 것을 더 선호할 거라는 얘기입니다. 제약이 더 적고 기회가 더 많을 테니까요. 이것은 전갈자리 여성이 자신의 눈을 피해 깊숙이 숨겨둔 비밀인지라 들켜버리고도 좀처럼 인정하지 않을 것입니다.

일단 전갈자리 여성이 사회적 맥락에서 파란색과 분홍색의 차이를 이해하고 나면, 그녀는 분홍색 부츠를 선택하는 일도 기꺼이 감수합니다. 그녀는 자신이 처한 상황에서 최선의 결과를 만드는 데에 탁월한 능력이 있기 때문입니다. 하지만 분홍색이 전갈자리 여성의 본성에 어울리는 색상은 아닙니다. 그녀의 진정한 색깔은 짙은 밤색이나 레드와인 계열의 색으로 전혀 여성스러운 색상은 아니지요. 하지만 그녀는 그런 색깔이 여성스럽다고 느끼게 하는 능력이 있습니다. 전갈자리 여성에게 경의를 표하지 않을 수 없습니다. 저는 여리고 약한 새끼 고양이인 척하는, 그것도 아주 잘하는 전갈자리 여성을 알고 있습니다. 남성들은 행복에 젖은 고양이마냥 그르렁그르렁 애교를 부리는 그녀가 더할 나위 없이 여성스러운 물고기자리라고 생각할 정도입니다. 그들은 그녀의 덫에 걸리고 나서야 정신을 차립니다. 그녀는 고양이가 아니랍니다.

전갈자리 여성은 또래 여성들이 결혼해서 누군가의 사랑스러운 연인, 아내, 혹은 어머니 역할에 주저앉아 버리는 것을 경멸하는 경향이 있습니다. 전갈자리 여성은 자신의 여성성을 눈부시게 발휘하는 동안에는 누군가를 지배하려는 욕망을 어떤 남성적인 별자리(양자리, 사자자리, 사수자리)보다도 섬세하게 잘 통제합니다. 이런 지배욕의 낌새를 알아차리지 못한 남성들은 나중에 현실에 직면해서 환상이 깨지면 예기치 못한 놀라움을 경험하기도 합니다. 예를 들어 볼까요? 양자리 여성들과는 달리 전갈자리 여성은 자신의 욕구를 억누른 채 남성들이 그녀의 담배에 불을 붙여 주게 하지요. 그러고는 그녀의 이국적인 눈길로 남성을 매혹시켜 버릴 것입니다. 전갈자리 여성은 알고 있답니다. 자신이 직접 성냥을 그어 담배에 불을 붙이고 남성의 얼굴에 연기를 뿜는 것보다 이 방법이 훨씬 더 섹시하다는 것을 말입니다. 이것만이 아닙니다. 다른 여인들은 저돌적으로 당신 품속에 파고들거나 지붕에 올라가서 당신을 사랑한다고 외칠 수 있습니다. 하지만 전갈자리 여성은 천천히 매혹적으로 당신을 향해 걸어오다가 조용히 그녀의 사적인 메시지를 전달합니다. 이해할 수 없는 일이지만 전갈자리 여성은 청바지나 승마복을 입고 농구화를 신고 있어도 매혹적인 느낌을 줍니다. 제가 아는 한 전갈자리 여성은 데이트 하는 내내 야구 모자를 쓰고 다녔고, 하는 얘기라고는 대부분 평균 타율에 관한 것이었습니다. 하지만 그녀는 마타하리처럼 섹시해 보였고, 그녀는 마침내 그 남성을 자신의 것으로 만들었습니다.(그 남성도 마찬가지로 최면에 걸린 것이죠.)

당신이 그녀에게 호감을 표하더라도 그녀는 열렬하게 반응하지는 않을 것입니다. 그녀가 속눈썹이 길게 말려 올라간 눈을 깜박이면서 맹목적인 헌신으로 당신을 숭배할 거라고 기대하지 마세요. 전갈자리 여성은 대다수가 속눈썹이 짧은 말괄량이랍니다. 게다가 당신의 마음을 아주 또렷하게 읽을 수 있는 매혹적이고 신비한 눈을 가지고 있답니다. 굳이 마스카라를 칠할 필요도 없답니다. 전갈자리 여성에게 다른 여성들이라면 충분히 넘어올 만한 낭만적인 얘기를 속삭여 보세요. 그녀는 그 강렬하고 꿰뚫어보는 듯한 눈으로 당신을 쳐다보면서 당신의 진짜 의도가 무엇인지 바로 간파해 낼 것입니다. 인간 엑스레이 기계인 전갈자리 여성에게 장난을 치지 마세요. 특별히 사업적인 의도가 아니라면 당신은 그녀의 시간을 낭비한 셈이고 또 그녀를 모독한 셈이니까요. 전갈자리를 모욕하는 것은 그리 권할 만한 일이 아닙니다. 당신의 건강에 이롭지 않으니까요. 제 말이 무슨 뜻인지 이해가 가지 않는다면 전갈자리 여성을 모욕해 본 경험이 있는 사람에게 물어보세요. 아마도 머리카락이 쭈뼛 설 만한 이야기를 듣게 될 것입니다.

저는 이렇게 위험한 팜므파탈이 엷게 파들거리는 미소와 한없이 부드러운 태도, 그리고 천사 같은 목소리 뒤에 감추고 있는 것이 무엇인지 잘 알고 있습니다. 그것은

'복수의 힘'입니다. 천문해석가라면 이러한 비밀을 훤히 알고 있습니다. 하지만 더 중요한 것은 당신이 그 사실을 알고 있어야 한다는 점입니다. 당신은 그녀를 길들이고 싶거나, 그녀로부터 스스로를 보호하고 싶어 할 테니까요. 어쩌면 양쪽 다일 수도 있겠죠.

전갈자리 여성은 평소에는 내면에서 소용돌이치는 명왕성의 감정을 안정적으로 통제하지만, 이 통제력을 잃어버리면 어떻게 될까요? 하늘의 분노도 전갈자리 여성의 분노에는 비할 바가 아님을 알게 될 것입니다. 고압적이고 지배하려 드는 모습에 냉소적이고 냉랭하다가도, 갑자기 섭씨 300도로 달궈진 오븐처럼 뜨겁게 변할 수 있습니다. 쓰디 쓴 독처럼 증오심을 뿜어내는가 하면, 맹렬하고 자유분방한 사랑을 할 수도 있습니다. 무서운 공포영화의 주인공처럼 악을 쓰는가 하면, 마치 멧비둘기처럼 다정하게 속삭일 수도 있습니다. 어찌 되었든 한 가지는 확실합니다. 절대로 미적지근하지 않죠.

전갈자리 여성은 당신의 등골을 오싹하게 만드는 재능을 타고났습니다. 특이한 형태의 주술을 너무나도 전문적으로 걸기 때문에 마치 진짜 마술처럼 보입니다. 그녀의 눈과 마주치면 도망갈 수 있는 방법은 거의 없습니다. 전갈자리 여성은 신비로운 육감을 가지고 있어서 종종 미래의 짝을 한눈에 알아볼 수 있을 뿐더러, 그런 느낌을 상대방에게 순간적으로 전달할 수도 있습니다. 당신의 반응은 둘 중 하나겠지요. 그녀의 매력에 꼼짝없이 사로잡혀서 몽롱한 상태로 항복하거나, 아니면 깜짝 놀라서 걸음아 날 살려라 하고 도망가는 것입니다. 당신은 어느 쪽인가요?

잠깐이라도 그녀 주변에 머물러 보세요. 인생을 이해하게 될지도 모릅니다. 전갈자리 여성은 알고 있거든요. 그녀가 당신에게 가르쳐 줄 것입니다. 어쨌든 당신이 전갈자리 여성의 눈길을 끌었다면 그것만으로도 뿌듯해할 만합니다. 전갈자리 여성은 연약한 남성을 좋아하지 않습니다. 그녀는 야망과 용기가 있는 남성을 찾고 있습니다. 그녀는 그녀의 비밀스러운 개성을 방해하지 않으면서도 그녀를 지배할 수 있고 자랑스럽게 만들어 줄 수 있는 남성을 원합니다. 그는 강인하고 남자다워야 하며 평균 이상의 외모를 갖추어야 합니다. 게다가 그녀의 뛰어난 지성에 어울릴 만큼 지적이어서 관념적이고 철학적인 지혜까지 두루 갖추고 있어야 합니다. 그러니 옷매무새를 가다듬고 우월한 자만이 짓는 미소를 연습하세요. 당신이 아는 모든 사람들은 전갈자리 여성이 당신을 응시하고 있다는 것만으로도 당신이 특별하다고 생각할 것입니다. 남성이든 여성이든 누구라 할 것 없이 말이지요. 완전히 새로운 미래가 펼쳐질 수도 있습니다. 전갈자리 여성이 당신을 발견한 이후로 당신의 주가는 몇 단계 상승할 것입니다.

전갈자리 여성과 친밀한 관계에 돌입하고 나면, 당신은 독특하고 비범한 남성이라고 자부해도 좋습니다. 또한 그녀로부터 누구에게도 받을 수 없는 사랑을 받고 있다고 확신하게 될 것입니다. 여러 가지 면에서 그런 사랑을 받게 됩니다. 당신은 전갈자리 여성의 삶에 있어서 가장 중요한 관심사가 됩니다. 전형적인 명왕성 여성이라면 그녀는 성심껏 당신을 격려하고, 강렬한 열정으로 당신을 즐겁게 해 주려고 애쓸 것입니다. 만약 당신을 만족시키기가 쉽지 않다면, 그녀는 당신의 무관심을 정복하기 위해 열정을 불태울 것입니다. 그리고 동시에 자신이 얼마나 필사적으로 노력하고 있는지 당신에게 드러낼 것입니다.

열정이라는 말을 눈치 채셨을 것입니다. 남성들은 대부분 어디선가 전갈자리 여성의 열정에 대한 재미있는 소문을 들어 본 적이 있을 것입니다. 전갈자리 여성은 속에서 넘쳐흐르는 열정을 표면에 드러내지 않고, 낯선 사람에게는 침착하고 냉랭한 태도로 일관하며, 내면의 열정을 마치 검은색 벨벳 같은 부드러움으로 엄격하게 통제합니다. 열정이라는 단어를 연애 행위에만 연관시키는 남성이라면 전갈자리 여성에게 좋은 인상을 주지 못할 것입니다. 명왕성이 정의하는 열정이라는 단어는 훨씬 더 포괄적이기 때문입니다. 그 열정에는 전갈자리 여성이 손대는 모든 것에 대한 감정이 포함되어 있습니다. 그녀는 어떤 것에도 대충 관심을 두는 일이 없습니다. 그녀는 초연하거나 무심해지는 것이 불가능합니다. 연극이나 책, 종교, 가구 또는 사람에 대해서 단순히 좋다, 싫다로 표현하는 경우는 지극히 드뭅니다. 통렬하게 분개하거나 강렬하게 숭배하지요. 이 두 유형의 열정이 생기지 않으면 그녀는 얼음처럼 차가워져서 무엇이든 완벽하게 무시해 버립니다. 하지만 그녀는 내면에 크고 작은 핵폭발이 일어나 아수라장이 되어 있더라도 겉으로는 커튼을 치고 차분한 모습을 유지합니다. 감정적인 격랑에 전혀 흔들리지 않고 침착한 모습을 보여 주지요. 당신의 장모님에게 말해 보세요. 딸이 신혼집에서 집 안의 접시란 접시는 다 깨 버리고 눈에 보이는 커튼은 모두 찢어 버린 후, 분노의 폭풍이 가라앉고 나면 언제 그랬느냐는 듯이 검정 벨벳 같은 평정 상태로 다시 돌아온다고요. 아마도 납득시키기가 참으로 어려울 것입니다. 도리어 사람들은 애꿎은 사람을 잡는다며 당신을 비난할지도 모릅니다. 도대체 무슨 말을 하는 거야? 저렇게 침착하고 사랑스러운 여인을 그렇게 성깔 있는 사람으로 매도하다니! 저는 당신을 이해합니다. 위로가 될지는 모르겠지만요.

전갈자리 여성은 훌륭한 장점을 많이 가지고 있지만 단점이 없지 않다는 것을 당신은 알고 있을 것입니다. 그러니 좋은 점부터 생각해 봅시다. 음. 그녀가 깨부순 접시 파편 때문에 생긴 당신 이마의 상처가 다 나은 다음에 말이에요.

어둠을 탐구하고 싶어 하는 전갈자리 여성은 흥미로워 보여서 금단의 과일 같은 느낌이 듭니다. 그녀 눈에 어리는 깊고 낯선 표정이 이런 인상을 더 강하게 만듭니다. 전갈자리 여성은 자신의 삶을 꿰뚫어보고 싶다는 욕망 때문에 위험한 물속에 빠지기도 하지만, 두려움이 없기에(달이 다른 행성과 충돌하고 있어서 정체 모를 공포심이 들지 않는다면) 멈추지 않습니다. 그래서 때때로 이상한 샛길로 빠지기도 합니다. 하지만 전형적인 전갈자리는 어떤 곳에서 어떤 발견을 하든, 여전히 강인하고 순수한 모습으로 헤쳐 나올 것입니다. 만약 그런 여행으로 인해 그녀의 영혼이 타락한다면 명왕성은 그녀를 분노에 찬 회한과 죄책감으로 벌할 것입니다. 그러나 이런 상황에서도 그녀는 여전히 강인함을 잃지 않고 불사조처럼 시련의 잿더미에서 다시 일어설 것입니다. 칼릴 지브란의 저서에서 예언자가 악마에 대한 질문에 이렇게 답합니다. "당신 안에 있는 선에 대해서는 말할 수 있지만 악에 대해서는 말하지 않겠다. 악이란 배고픔과 목마름으로 왜곡된 선이기 때문이다. 선이 굶주릴 때에는 음식을 찾아 어두운 동굴에도 갈 수 있고, 목마를 때는 죽음의 물도 마실 수 있다." 이보다 더 완벽하게 전갈자리를 설명할 수는 없습니다.

전갈자리 여성은 수많은 인간의 약점을 흥미롭게 지켜보았을 수도 있고, 그 지식을 음미하기 위해 다양한 경험을 했을 수도 있습니다. 하지만 그녀는 언제나 의문의 세계를 탐험하고는 다시 신비롭게 나타날 것이며, 여전히 당신이 알고 있는 다른 여성보다 매력적일 것입니다. 전갈자리는 '사적인 공간이므로 들어오지 마시오.'라는 팻말을 걸어 놓고 내밀한 삶을 살아가지만, 이상하게도 많은 사람들이 전갈자리에게 자신이 저지른 사악한 일을 털어놓으러 옵니다. 전갈자리는 타인의 비밀 이야기를 듣는 것을 좋아하지만, 다른 사람에게 누설하지는 않습니다. 심지어 당신에게도 말입니다.(출생차트 상에 수성이 충돌 각도가 있지 않는 한 그렇습니다.) 전갈자리 여성이야 당연히 비밀을 많이 가지고 있겠지요. 하지만 그것을 캐내려고 하지 마세요. 전갈자리 여성에게는 당신이 절대로 접근할 수 없는 개인적인 감정과 영혼이 있어서 마음대로 드나들 수 없답니다. 그렇다고 전갈자리 여성이 거짓말을 하는 것은 아닙니다. 오히려 잔인할 정도로 정직하지요. 그것도 가끔이 아니라 꽤 자주 그렇습니다. 하지만 그녀에게는 절대로 당신뿐 아니라 그 누구에게도 털어놓지 않을 특별한 생각이나 감정이 있으니 어쩔 수 없는 일입니다.

전갈자리 여성은 강인하고 듬직하며 자신의 사랑을 받을 자격이 있다고 생각되는 사람에게는 놀라운 정도로 충실하겠지만, 유약한 사람에게는 눈길 한 번 주지 않을 것입니다. 그녀는 사람들 속에서 근엄하게 행동하기 때문에 도도하고 잘난 척하는 사람처럼 보일 수도 있습니다. 사실 어떤 면에서는 분명히 그렇기도 합니다. 전갈자리 여성은 개인적인 카스트 제도를 시행하고 있어서, 사자자리나 염소자리 여성들보다도 그 신분의 차이를 확실히 두기 때문입니다. 친구를 선택할 때에도 매우 까다롭습니다. 가치 있는 친구와의 우정은 평생 지키고 싶어 하지만, 얄팍하고 평범하거나 그럴 만한 가치가 없는 친구에게는 냉담합니다. 전갈자리 여성에게는 엄청난 인내심과 투지가 잠재되어 있습니다. 자기파괴적인 술이나 약물, 무자비한 복수나 위험한 우울증 등 그녀를 유혹하는 과잉 요소를 통제할 수만 있다면 이 두 가지 장점을 활용할 수 있습니다. 언젠가 그녀는 초자연적인 영역도 탐구하게 될 것입니다. 그녀는 살아가면서 열정적인 종교인이 될 수도 있고 완벽한 무신론자가 될 수도 있지만, 결국에는 고대의 신비나 미지의 세계에 관심을 둘 것입니다.

전갈자리 여성은 아내로서 사랑하고 헌신하고자 할 때에 법적 관계에는 큰 의미를 부여하지 않습니다. 당신과 결혼할 수 없는 상황이더라도 그녀는 당신을 열렬히 사랑할 것입니다. 남들이 어떻게 생각하는지 신경 쓰지 않지요. 전갈자리 여성의 사랑은 어떤 합법적 결혼보다 진실합니다. 용감한 전갈자리 여성이 자신의 태양별자리다운 길을 갈 때 사회적 위선은 힘을 잃는답니다. 전갈자리 여성은 바로 자기만의 법을 따릅니다. 그녀의 마음은 '죽음이 우리를 갈라놓을 때까지.'라는 결혼 서약을 다른 어떤 신부들보다도 완벽하게 이해하고 있습니다.

전형적인 전갈자리 여성은 강한 개인주의적 성향에도 불구하고 남성이 관계를 주도할 수 있도록 합니다. 자신의 힘과 추진력으로 남성을 무색하게 만들기보다는, 남성이 목표를 이룰 수 있도록 도와줄 것입니다. 그녀에게는 당신의 미래도 중요하기 때문에 결혼 후에도 자기 일을 계속 하겠다고 고집 부릴 가능성은 별로 없습니다.(당신이 그녀를 몹시 실망시켰거나 집안 경제가 어려운 상황이 아니라면요.) 그녀는 둘만 있을 때에는 당신과 미친 듯이 싸울 수도 있지만, 사람들 앞에서는 열렬하게 당신을 옹호할 것입니다. 누구라도 당신을 비방하거나 이용하려 하면 가만히 있지 않습니다. 혹시라도 그런 시도를 하는 사람은 그녀가 내려치는 분노의 채찍을 피하기 힘들 것입니다. 그녀에게는 당신의 행복이 언제나 먼저입니다. 태양이나 동쪽별자리에 충돌 각도가 있지 않은 한, 그녀는 인내하면서 당신이 원하는 것을 성취할 수 있도록 도울 것이며, 투덜대거나 조바심 내지도 않을 것입니다. 중간에 당신이 용기를 잃는다면 약간 억울해하기는 하겠지만요. 그녀는 당신이 능력을 최대로 발휘할 수 있는 높은 목표를 세우기를 기대할 것입니다. 당신의 목표가 기대 이하라면 그녀는 상당히 냉소적으로 조롱할 수도 있습니다. 특히 수성에 충돌 각도가 있다면 더 그렇습니다.

전갈자리 여성은 자기 집을 몹시 사랑하는데, 이들의 집은 대개 청결하고 감각 있게 꾸며져 있고 안락합니다. 그녀는 정해진 식사 시간을 지키고, 모든 것을 잘 관리합니다. 만약 정반대의 모습을 보이는 전갈자리 여성이 있다면 뭔가가 그녀를 상당히 불행하게 만들고 있다는 뜻입니다. 전갈자리는 원래 아름다움과 질서에 본능적으로 끌리기 마련입니다. 전형적인 전갈자리 여성에게 봄맞이 대청소는 휴가와도 같습니다. 구석구석 뒤져서 뭐가 나오는지 보는 것도 좋아합니다. 그녀가 옷장을 청소하다가 당신의 오래된 재킷 주머니에서 향수 냄새 풍기는 의심스러운 쪽지를 찾아내지 않도록 조심하세요. 전갈자리는 딱히 근거가 없더라도 터무니없는 의심을 품기 때문에, 불륜의 가능성이 있는 단서를 찾아내기라도 하면 무슨 일이 일어날지 모릅니다. 원자폭탄이 만들어 내는 버섯구름을 보신 적이 있나요? 반면에 그녀를 의심하는 것은 소용이 없습니다. 그녀는 자신의 깊은 속내를 드러내지 않기 때문에 자주 의구심이 생길 것입니다. 당연히 물어보고 싶겠죠. 하지만 침과 함께 꿀꺽 삼켜 버리세요. 전갈자리 여성에게는 어릴 적부터 간직해 온 자물쇠 달린 비밀 상자 같은 출입 금지 구역이 있답니다. 아무리 캐내도 소용이 없습니다. 너무 불공평하다고 생각하시지요? 충분히 이해합니다. 그녀도 자신이 불공평하다는 것을 잘 알고 있습니다. 하지만 안다고 해서 달라지는 것은 전혀 없습니다. 그냥 그런 겁니다. 받아들이든가 아니면 떠나든가 해야지요. 아마도 당신은 받아들이는 쪽을 선택할 것입니다. 전갈자리 여성을 떠나는 것은 거의 불가능하니까요. 그녀는 평생 당신을 쫓아다닐지도 모릅니다. 그녀를 떠나면서 겪게 될 악몽으로 고생하는 것보다는 그녀의 특이한 성격에 적응하는 편이 훨씬 쉬울 것입니다. 아무도 전갈자리를 떠날 수 없습니다. 모르셨다고요? 떠나려는 시도를 해본 사람들에게 물어보면 잘 설명해 줄 것입니다. 어쨌든 당신은 정말 특별한 여인과 사랑을 하고 있답니다.

전갈자리 여성은 한 곳에 뿌리를 내리고 안정적으로 사는 것을 몹시 원하기는 하지만, 당신의 일과 관련해서라면 전혀 망설이지 않고 이사를 갈 것입니다. 군인이나 외교관의 아내 역할도 완벽하게 수행할 수 있습니다. 그녀가 꿰뚫어보지 못하는 사람은 없기 때문에 아무도 그녀를 속일 수 없습니다. 전갈자리 여성은 누가 믿을 만한 사람이고 누가 지켜봐야 하는 사람인지 얘기해 줄 것입니다. 물고기자리 아내도 같은 능력을 가지고 있기는 하지만, 남을 비판하기에는 너무 무르고 남의 실수에 대해서 변명거리를 너무 잘 만들어 줍니다. 전갈자리 여성은 그렇지 않지요. 전갈자리 여성은 오히려 너무 날카로운 말투와 잔인할 정도로 분석적인 태도를 좀 자제할 필요가 있습니다.

전갈자리 여성은 예산과 관련해서 도대체 예측할 수 없습니다. 수익이 두 배가 될 때까지 경비를 아끼고 절약하다가도, 갑자기 엄청나게 사치스러워지기도 합니다. 하지만 한 가지는 확실합니다. 돈을 모으든 사치스럽게 쓰든 간에 돈을 즐기는 사람입니다. 하지만 돈보다는 명분을 택하는 경우가 많습니다. 당신이 운영하는 사업체가 처음에는 수입이 적더라도 나중에 영향력을 발휘할 수 있는 잠재력이 있다면 그녀는 만족할 것입니다. 권력을 좋아하는 전갈자리 여성은 그것을 위해서라면 기꺼이 희생을 감수합니다. 그녀에게 당신의 권력은 자기의 권력이기도 합니다. 전갈자리 여성은 자신이 만족할 만한 수준이라면 타인을 통한 대리만족도 기꺼이 수용합니다. 그녀는 목표를 위해서 희생하고 인내할 것입니다. 하지만 누추한 환경에서 계속 살아가기에는 그녀의 자존심이 너무 강하지요. 너무 오랫동안 그런 환경을 강요당한다면 그녀는 시큰둥해지고 불만에 가득 찰 것입니다. 어느 정도의 시간이 지나면 그녀는 가정의 수입원에 변화를 꾀하려고 노력하거나, 아니면 점차 회색 도마뱀의 음울한 세계에 빠져 버릴 수도 있습니다. 겉으로는 가난을 받아들이고 거의 즐기는 듯한 모습을 보일 수 있지만 속으로는 몹시 속상해할 것입니다.

전갈자리 여성은 소유욕이 강하지만 누군가가 그녀를 소유하려 드는 것은 원치 않습니다. 전갈자리 남녀의 나쁜 특징 중 하나는 바로 감정이 개입된 사안을 자기만의 관점으로 바라본다는 점입니다. 객관적인 자기 성찰을 하기까지는 시간이 좀 걸리지요. 더 이상의 발전 없이 플라토닉한 사랑에 그친다 하더라도, 전갈자리 여성의 이성에 대한 본능적인 호기심은 당신에게 질투심을 잔뜩 불러일으키기도 합니다. 그녀가 당신 때문에 질투에 눈이 멀듯이 말입니다. 눈에 보이는 모든 남성들을 유혹하려고 하는 전갈자리 여성도 있는데, 그러면 당신은 그들이 최면에 걸리는 동안 그저 옆에서 구경이나 할 수밖에 없습니다. 이런 일들이 진지한 관계로 발전하는 경우는 거의 없지만 그래도 가끔 불편한 순간이 찾아와 실제 다툼으로 번지기도 합니다. 전갈자리 여성의 승부욕은 어떤 싸움에서도 그녀를 승리자로 만듭니다. 기억하시기 바랍니다. 마지막 대사는 언제나 그녀의 차지입니다. 당신이 거짓말을 한 번 하면 그녀는 두 번 한답니다. 아침에 말다툼하고 나서 당신이 키스하지 않고 출근해 버리면, 그녀는 한 달 동안 굿나잇 키스를 해 주지 않을 것입니다. 시어머니가 그녀의 요리 솜씨에 흠이라도 잡으면, 몇 주 동안 시부모님을 저녁 식사에 초대하는 것을 잊어버릴 수 있습니다. 하지만 의도한 것이 아닌 우발적인 실수는 용서해 준답니다. 전갈자리의 정의감은 복수심만큼이나 강하거든요. 사람들은 대부분 이 사실을 잊어버립니다. 그녀는 사람들이 그녀에게 베푼 친절을 모두 기억해서 나중에 그 두 배로 되돌려 준답니다. 물론 그 반대도 마찬가지겠지요?

아이들은 전갈자리 어머니의 부드러운 사랑 표현이나 스스럼없는 감정 표현에 다소 목말라할 수는 있지만 기본적으로는 어머니의 깊은 헌신 때문에 정서적으로 안정감을 느낄 것입니다. 전갈자리 어머니는 아이들의 재능을 썩혀 두지 않습니다. 많은 시간을 투자해서 아이들에게 더 높은 목표를 향해 매진할 것을 격려하고, 아이들이 필요로 하는 지원을 아끼지 않습니다. 자녀들은 전갈자리 어머니를 강인한 해결사로 인식할 것입니다. 그녀는 전갈자리 여성이 보유한 인간에 대한 이해를 바탕으로 현명한 조언을 해 줄 수 있기 때문입니다. 그녀는 용감하게 난관을 극복하라고 가르칩니다. 하지만 정작 아이들의 잘못, 특히 조기에 파악해서 제때 고쳐 주지 않으면 나중에 심각한 문제가 될 수도 있는 잘못된 태도는 잘 보지 못하는 경향이 있습니다. 자녀들의 행복을 위협하는 사람이라면 누구를 막론하고 전갈자리 어머니의 탄압 대상이 되는데, 안타깝지만 남편도 예외가 아닙니다. 남편이 아이들을 지나치게 엄격하게 대한다고 생각하면 전갈자리 여성은 마음이 상한답니다.

전갈자리 여성은 가끔 삶의 열정 속에 당신을 풍덩 빠뜨려 허우적거리게 할 것입니다. 하지만 실제로 삶의 고난이 닥치면 그녀의 침착하고 차분한 이성과 강철 같은 강인함이 당신의 구명보트가 되어 줄 것입니다. 비록 그녀가 좀 이상하고 비밀스러운 마법을 쓰기는 하겠지만, 그녀의 강렬한 눈빛은 늘 정직하게 당신을 바라볼 것입니다. 비록 가끔은 그녀가 사람들이 이해할 수 없는 세상에 머무르고 있는 듯한 느낌이 들겠지만요. 전갈자리 여성은 다소 위험한 존재일지도 모르지만 흥미로운 대상임에는 틀림없습니다. 다른 남편들은 변덕이 심한 아내들이나 상대하라고 하세요. 당신은 차를 꽤 맛있게 끓이고 절대로 토스트를 태우는 일이 없는(음. 거의 없지요.) 사랑스럽기 짝이 없는 마녀를 알고 있고, 그녀의 강렬한 미스터리도 알고 있잖아요? 찻잔이 비었을 때, 그녀에게 다시 잔이 가득 차도록 주문을 외워 보라고 하세요. 그녀는 마음만 먹으면 할 수 있답니다. 몰랐다고요? 전갈자리 여성에게는 비밀이 많다고 제가 말씀드리지 않았나요?

전갈자리 어린이

♏

"또다른 건 뭘 배웠는데요?"
"음. 신비학이 있었지.
고전신비학과 현대신비학, 해학, 굴리기, 늘리기 등이 있었어."

갓 태어난 전갈자리 아기를 보면서 부모가 보이는 반응은 대체로 자랑스러움과 만족이 깃든 놀라움입니다. "신생아실에 있는 다른 아기들보다 훨씬 어른스러워 보여요. 더 차분하고요. 저 튼튼한 몸 좀 보세요." 그렇습니다. 아무리 작은 신생아라도 전갈자리는 대체로 몸이 아주 튼실합니다. 강한 의지와 더불어 몸도 강인하게 태어납니다.

전갈자리 아이는 싸움을 즐기고 이기기 위해 태어났습니다. 타협은 이 녀석들의 자질에 포함되어 있지 않습니다. 항복도 다른 개념으로 이해해야 합니다. 항복하는 척한다면 그것은 다름 아닌 때를 기다리는 것이랍니다. 유리한 상황에 다시 그 싸움을 시작할 때를 기다리는 것뿐입니다.

아기의 탄생 예정일이 11월 즈음이라는 것을 알게 되면 어서 크고 튼튼한 유아용 놀이 울타리를 사 두세요. 분명히 필요할 것입니다. 아이가 태어나면 당신은 그 울타리 안에 들어가서 안전하게 책도 보고 점심도 먹을 수 있습니다. 당신이 직접 아기 울타리 안에 들어가서 푹신한 쿠션 매트 위에 누워 보고, 치수가 맞는지 확인하는 것을 보면 사람들이 이상하게 쳐다보겠지만 무시하세요. 낯선 사람의 눈길도 참아 내지 못한다면 당신의 아이, 다름 아닌 전갈자리 아이의 이글거리는 눈빛에 어떻게 당당히 맞설 수 있겠어요? 전갈자리 아기는 사물을 분간할 수 있게 되자마자 바로 당신을 강렬한 눈빛으로 쳐다보기 시작할 것이고, 아마도 당신은 최면에 걸려 아기의 채찍에 휘둘리게 될 것입니다. 기저귀를 찬 아기가 머리에

터번을 쓴 채 바닥에 책상다리를 하고 앉아서 피리를 분다고 상상해 보세요. 당신은 마치 바구니 속의 뱀처럼 무기력하게 이리저리 흔들릴 겁니다. 큰일이지요? 그러니 당장 지금부터 전갈자리 아기가 부릴 흑마술에 대항할 수 있도록 마음을 단단히 먹어야 합니다. 유아용품점의 판매원을 당당하게 쳐다보세요. 뭐라 해도 돈을 지불할 사람은 당신이니까요. 당신의 행동이 약간 괴짜처럼 보여도 그 판매원이 이래라저래라할 문제가 아닙니다. 고객인 당신이 바로 왕이지요. 조금 다르긴 하지만 바로 이런 자세가 당신의 꼬맹이, 전갈자리 아기에게 대처할 때 필요한 자세입니다. 여기는 당신 집입니다. 당신의 규칙들이 조금 이상해 보여도 아기가 이래라저래라할 문제가 아니지요. 당신이 엄마이고 당신이 왕입니다. 아이의 눈을 똑바로 내려다보며 말하세요.

당신이 해야 할 일들이 있습니다. 그다지 쉽지는 않을 거예요. 전갈자리 아이에게는 지속적이고 엄격한 규율이 필요합니다. 약자를 배려하는 마음과 패배를 인정할 줄 아는 스포츠맨십, 권위를 존중하는 태도, 자신에게 상처를 준 타인을 용서하는 마음 등을 가르쳐야 합니다. 당신은 아이의 섬세한 성격을 훈련시키면서 아이의 뛰어난 지능과 매력적인 성격에 감동받을 것입니다. 아이의 흔치 않은 용기와 정직함은 훌륭한 자양분이 되어, 나쁜 길로 빠지거나 파괴적인 초자아에 의해 악영향을 받는 것으로부터 아이를 보호해 줄 것입니다.

전갈자리가 선택할 수 있는 길이 두 가지 있습니다. 높은 길과 낮은 길입니다. 한동안 당신은 아기가 걸음마를 배우기도 전에 낮은 길을 선택했다고 확신할지도 모릅니다. 마음이 약하고 예민한 엄마들은 시작도 못해 보고 백기를 듭니다. 전갈자리 아기는 당신이 뭔가를 만지지 못하게 하면 무섭게 째려볼 것입니다. 당신도 아이를 쳐다보세요. 다정하지만 단호한 눈빛으로 바라보아야 합니다. 다정하게 노려보는 것이 쉬운 일은 아니지만 계속 연습을 해야지요. 이를 꽉 다물고 있더라도 미소를 띠고 크고 단호한 어조로 안 된다고 말하세요. 승리는 영원하지 않아서 한 시간 정도 후에 싸움이 다시 시작될 것입니다. 하지만 한 단계 격상한 상태라는 것을 잊지 마세요. 결국 전갈자리 아이는 자신에게 저항하는 힘을 갖춘 당신을 존경하기 시작합니다. 그 아이는 자기보다 더 강하다고 여겨지는 사람에게서만 무언가를 배울 수 있습니다. 물론 아이는 당신의 승리를 수용합니다. 아직 어리니 어쩔 수 없죠. 언젠가 당신보다 커질 때까지 아이는 당신을 마지못해 존중해 줄 것입니다. 아이가 형을 레슬링으로 바닥에 메칠 수 있고 아빠를 몸싸움에서 이길 수 있는 때가 오면 당신이 할 일은 끝납니다. 당신은 조금 지쳐 있겠지만 뿌듯할 것입니다. 당신의 전갈자리 아이가 복수심에 가득 찬 전갈이 아니라 훌륭한 독수리가 되어 가는 길에 들어서 있으니까요. 하지만 주의 사항이 있습니다. 아이에게 엄격한 규율을 적용하더라도 사랑과 애정을 충분히 주어야 합니다. 그렇지 않으면 아이는 비참한 회색 도마뱀이 되어 우울하고 내성적인 성격을 형성하고 두려움과 공포에 시달리게 될 것입니다.

전갈자리 아이는 무뚝뚝하고 냉소적이고 무덤덤한 말투 때문에 솔직하고 직설적으로 보일 수 있지만 사실 자기만의 은밀한 생활을 강렬하게 원할 것입니다. 당신은 아이의 작은 비밀들을 절대로 엿보려고 해서는 안 됩니다. 아이에게 열쇠가 달린 큰 서랍을 사 주고 개인적인 물건을 넣어 둘 수 있게 해 주세요. 아니면 아이만의 서랍을 지정해 주고 나머지 가족들이 절대로 그 서랍을 열지 않도록 정해 놓으세요. 좀 더 크면 전갈자리 여자아이는 자물쇠가 달린 일기장을 갖고 싶어 할 것입니다.

전갈자리 아이는 자신의 생각은 감추려고 하지만, 가족들의 비밀은 모두 찾아냅니다. 이 아이에게 무언가를 감추는 것은 불가능합니다. 예를 들어, 이모의 틀니라든가 삼촌의 음주 습관, 아버지의 부분 가발 등등 찾지 못하는 것이 없습니다. 또한 전갈자리 아이들은 잃어버린 양말, 열쇠, 영수증, 립스틱 같은 것도 금세 찾아냅니다. 마치 미스터리를 풀기 위해 마법과 냉철한 논리를 사용하는 어린 탐정 같습니다.

전갈자리 아이에게는 고통을 견뎌 내는 놀라운 힘이 있습니다. 상처를 몇 바늘 꿰매야 하는 경우에도 눈물 한 방울 흘리지 않고, 심지어 마취제 없이 수술을 받기도 합니다. 전갈자리 아이는 제 또래보다 훨씬 현명합니다. 아이가 타고난 탁월한 이해력이 축복으로 느껴질 때가 있을 것입니다. 사업이 힘들어져서 의기소침해진 아버지는, 경제를 이해하기에는 아직 어린 전갈자리 아이가 꽉 안아 주는 힘에 놀랄 것입니다. 아버지가 우울해하고 있다는 것을 눈치 챈 아이가 아버지를 힘들게 하는 그 원인을 없애 버리고 싶다는 욕구를 표현한 것입니다. 엄마가 아프거나 우울해하면 아이는 그것을 감지하고 엄마를 조용히 부드럽게 만져 주어서 놀라게 하기도 합니다.

전갈자리 아이는 친구들과 사랑하는 사람들에게 무한한 충성심이 있습니다. 나머지 사람들에게는 좀 냉정하게 굴 수도 있습니다. 성미 고약한 또래 아이가 흔들목마를 일부러 망가뜨리기라도 하면, 전갈자리 아이는 그 아이의 자전거와 장난감 소방차, 아기용 칠판을 죄다 망가뜨리고 여기에 덧붙여 얼굴을 한 대 때릴 수도 있습니다. 겁 없이 전갈의 꼬리를 밟으면 어떻게 되는지 확실하게 보여 줍니다. 물론 이런 행동은 삼가도록 가르쳐야 합니다. 운이 좋아야 가능하겠지만요. 전갈자리 아이에게 복수심에 가득 찬 분노는 누워서 침 뱉기일 뿐이며 받은 것을 되돌려 주려는 앙심은 자신을 다치게 할 뿐이라고 얘기해 줄 수는 있겠지만, 아이가 그런 논리를 이해하기는 쉽지 않을 것입니다. 장난감 가게에서 파는 부메랑을 하나 사서 있는 힘껏 던져 보라고 하세요. 몇 번을 던져도 기적처럼 다시 돌아와 자신의 얼굴을 때리는 부메랑을 보고 충격을 받으면 혹시 이해할지도 모릅니다. 물론 현미경이나 마술 게임 책이나 화학 교재만큼 흥미로워하지는 않을 것입니다.

    선생님들은 전갈자리 아이에게 반장을 시켜야 할지, 아니면 오래된 자작나무 회초리 맛을 보여 줘야 할지 고민스러울 것입니다. 결국은 두 가지를 다 하게 됩니다. 전갈자리 아이는 남녀를 막론하고 모두 예리하게 꿰뚫어볼 줄 아는 지능과 이론에 대한 놀라운 통찰력을 겸비하고 있습니다. 개근상을 탈 수도 있고 학교에서 가장 땡땡이를 잘 치는 아이가 될 수도 있습니다. 운이 좋아 현명한 교사를 만난다면 읽고 쓰기를 빠르게 배우고 각종 학교 행사에서 리더가 될 것입니다.

    전갈자리 아이는 나쁜 길로 빠지지 않도록 잘 인도해 준다면 졸업생 대표가 될 확률이 매우 높습니다. 신체를 활발하게 움직이도록 해 주고, 지적 호기심을 계속 자극해서 과학, 문학, 의학 또는 스포츠 쪽으로 열정을 쏟을 수 있도록 해 주세요. 우주 공학자, 항해사, 소방관, 장관, 연예인, 대통령이 되고 싶다는 순진한 꿈을 맘껏

격려해 주세요. 당신이 좋다고 생각하는 직업을 절대로 강요하지 마세요. 아이를 인생의 어두운 지하실에서 위험한 실험을 일삼는 낮은 길로 인도하는 지름길이 될 테니까요. 아이는 자신이 무엇을 원하는지 정확하게 알고 있는데 거기에 당신의 의지를 투영하려고 하는 것은 치명적인 실수입니다. 아이에게 성심을 다하고 절대로 약속을 깨지 마세요.

전갈자리 아이는 겉으로는 침착하고 느긋해 보이지만, 내면에 억압된 에너지를 충분히 발산할 기회를 필요로 합니다. 식사 시간에 불안정한 모습을 보이거나 논쟁을 벌여서는 안 되고, 잠잘 시간에 가족들끼리 다투는 모습을 보여서도 안 됩니다. 이런 모습들이 아이에게는 악몽이 될 것이고, 아이의 심신 건강에 아주 해로울 수 있습니다. 강렬한 열정과 끓어오르는 감정이 있는 아이가 불안한 성정을 억누르기란 힘든 일이지요. 하지만 신중하게 잘 이끌어 준다면 아이는 스스로 훌륭하게 조절하게 될 것입니다. 논리적인 설명이 빠진 거칠고 경솔한 꾸지람과 지나치게 자유분방한 유머는 아이에게 재앙이 된다는 면에서 차이가 없습니다. 전갈자리는 약물에 쉽게 빠지는 경향이 있으므로 절대로 그런 것에 노출되는 일이 없어야 합니다. 불에도 이끌리는 편이므로 주변에 성냥을 두어서도 안 됩니다.

전갈자리 아이는 할로윈과 몬스터 텔레비전 쇼, 공상 과학, 그리고 귀신 이야기를 좋아할 것입니다. 또한 이성에 대해서도 관심이 많답니다. 다섯 살 난 전갈자리 꼬마 아이가 옆집에 사는 곱슬머리 초등학교 1학년 누나에게 묘한 눈길을 준다고 해도 놀라지 마세요. 언젠가는 당신의 아이도 사랑을 하게 될 것입니다. 절대로 막을 수 없지요. 전갈자리 아이가 사춘기에 접어들면 사랑에는 책임감이 중요하다는 점을 가르쳐 주세요. 비극적인 연애 사건을 예방할 수 있을 것입니다. 전갈자리는 가족을 많이 존중한답니다. 부주의한 연애 행각은 가족애를 깨뜨릴 수도 있다고 설명해 주세요. 아이는 이해할 것입니다.

아이는 커서 무엇이 되든지 자신이 선택한 분야에서 최고가 될 것입니다. 전갈자리 아이는 자신이 원하는 바를 끝내 성취할 수 있는 투지가 있고, 그것에 매진할 수 있는 강인함도 있습니다. 하지만 아이가 자신감이 넘친다고 해서 당신의 도움이 필요 없다고 생각해서는 안 됩니다. 아이는 비록 당신에게 허락을 받아야 한다는 사실은 싫어하겠지만 당신의 지원을 필요로 합니다. 당신은 아이가 내면의 열정을 쏟아 부을 만한 가치가 있는 목표를 설정할 수 있도록 도와주어야 합니다. 전갈자리 아이는 독특한 마법에 걸린 아이지요. 어쩌면 아주 중요한 운명을 타고났겠지만 그곳에 도달하려면 갈 길이 아직 멉니다. 아이가 당신을 필요로 하는 한 그 길을 함께 걸어가 주세요. 그 다음에 혼자 걷도록 해 주세요. 아이는 자신이 추구하던 것을 찾고 나면 안전하게 돌아올 것입니다. 전갈자리 아이에게 위대한 용기와 강인함과 총명함을 준 것은 명왕성이지만, 아이가 가장 필요로 하는 것을 줄 수 있는 사람은 바로 당신이랍니다. 사랑하고 사랑받는 방법에 대해 일상에서 모범을 보여 주세요.

전갈자리 사장

♏

"화를 참도록 해라." 애벌레가 말했다.
"곧 익숙해질 거야." 애벌레가 말했다.
그러고는 다시 수연통을 물고 담배를 피웠다.

루스벨트 대통령이 건네는 "부드럽게 말하되 위압적인 태도를 취하라."라는 충고는 전갈자리 철학의 좋은 예입니다. 비록 이 말을 처음으로 한 사람이 루스벨트 대통령이기는 하지만 모든 명왕성형 인간들은 이 말을 자신의 본성에 새기고 태어났습니다. 전갈자리인 당신 사장의 책상 뒤편 벽에 안 보이게 걸려 있는 좌우명이기도 합니다. 기억해 두세요. 정말로 그런지 전갈자리 사장에게 물어볼 필요는 없습니다. 단지 그 좌우명을 실천하는지 지켜보세요. 전갈자리는 그들만의 비법을 타인이 개인적으로 물어보는 것을 달가워하지 않는답니다.

위압적인 태도로 부드럽게 말하는 전갈자리 사장에게 삶이란 지혜와 힘을 찾는 여정입니다. 그는 천국과 지옥, 그리고 그 중간에 있는 모든 것들의 온갖 비밀을 알고 싶어 합니다. 아마도 당신은 그 중간쯤에 놓여 있겠지요. 전갈자리 사장은 당신의 작거나 큰 머릿속에 어떤 생각이 들어 있는지, 당신의 비밀은 무엇인지 알아내고 싶어 한답니다. 그가 대놓고 당신의 진심을 읽으려고 하지는 않지만, 당신의 머릿속은 이미 훤히 밝혀졌을 것입니다. 절대로 피할 수 없습니다. 전갈자리가 최면을 거는 듯한 눈빛으로 당신을 그윽하게 쳐다보면 당신은 가슴 속 깊은 곳에 있던 솔직한 얘기를 하지 않을 수 없답니다. 속으로 딴 생각을 하고 있다면 절대로 남에게 말하지 마세요. 전갈자리 사장의 눈도 쳐다보지 마세요. 아니면 아예 전갈자리 사장과 일하는 것을 피하도록 하세요.

예전에 가수로 활동했던 여성이 있습니다. 어느 여

름날 공항에서 출장 갔다가 돌아오는 전갈자리 소속사 사장을 우연히 만나 커피를 한 잔 하러 갔습니다.(명왕성은 여름에 가장 큰 힘을 발휘하는 경향이 있답니다. 이상하게도 11월과는 아무 관계가 없는 계절이죠.) 전갈자리 사장의 친한 친구가 그 가수의 작곡가였는데, 그녀와 작곡가는 그날 아침에 서로 사랑을 고백했습니다. 하지만 주변 여건 때문에 비밀로 하기로 했죠.

전갈자리 사장과 커피를 마시며 수다를 떨던 그 가수는 사장의 출장 이야기를 완전히 넋을 놓고 듣고 있었습니다. 사장의 이야기가 너무나 매력적이어서 그녀는 그날 아침 있었던 운명적인 고백 사건을 완전히 잊어버리고 말았습니다. 마침내 전갈자리 사장이 시계를 힐끗 보았습니다. 자기가 감독하고 싶은 영화가 있는데, 그 영화 제작자와 한 약속에 늦었다며 일어서려 했지요. 서로 악수를 하면서 그녀가 "행운을 빌어요."라고 말했습니다. 전갈자리 사장은 손을 잡은 채 강렬한 눈빛으로 그녀의 눈을 쳐다보면서 천천히 대꾸했습니다. "당신의 사랑에 행운을 빌게요. 하지만 당신은 이미 사랑을 찾은 것 같군요. 좋아요. 두 분 잘 어울려요." 사장은 먼저 눈길을 거두고(전갈자리는 항상 먼저 시선을 돌립니다. 절대로 당신이 먼저 눈길을 돌리게 하지 않지요.) 이어서 손을 놓아주면서 침착하고 묘한 미소를 지어 보이더니 돌아서서 가 버렸습니다. 오늘까지도 그 가수는 사장이 어떻게 그 비밀을 알았는지 이해하지 못했답니다.

그 가수의 경험으로부터 당신이 배워야 할 것이 있습니다. 전갈자리 사장은 당신의 어떤 비밀도 결국에는 알아낸다는 점입니다. 연애 문제뿐 아니라, 당신 아버지 학력이 고등학교 중퇴라든가, 당신 여동생이 유부남을 만나고 있다든가, 아니면 당신이 은행 대출금을 6개월째 갚지 못하고 있다든가, 아니면 당신의 고양이가 또 임신했다든가 하는 일들이랍니다. 어쩌면 당신이 외투 단추를 실로 달지 않고 옷핀으로 고정시켜 놓았다거나, 아니면 오늘 아침에 당신의 오빠가 냄비로 올케를 때렸다거나 하는 일들도 해당합니다. 남에게는 알리고 싶지 않은 그런 사소한 일도 전갈자리 사장은 알아차립니다. 그리고 사장이 알고 있다는 것을 어떤 식으로든 당신도 알게 될 것입니다. 이것은 물고기자리의 통찰과는 다릅니다. 물고기자리는 신통력으로 알아내고, 전갈자리는 그냥 압니다. 신통력과는 관계가 없지요. 물병자리의 직관과도 다릅니다. 전갈자리의 능력은 그것보다 훨씬 차원이 높습니다.

이런 명왕성의 힘 덕분에 전갈자리 사장은 당신의 기분을 알아차리고 당신을 배려해 줍니다. 이것은 말로 표현할 수 없는 위안을 줄 것입니다. 특히 당신의 속마음을 알지도 못하고, 결코 알려고 하지도 않는 약삭빠르고 배려심 없는 얄팍한 사장들과 계속 일해 왔다면 더욱 그렇겠지요. 무심한 사장들과 두루 일해 본 직원이라면 전갈자리의 공감능력이 얼마나 훌륭한지 절감할 것입니다. 객관적으로 그 능력은 높이 살 만하지요.

당신의 예상과는 달리, 전갈자리 사장의 사무실은 늘 격정적이거나 인상적이지는 않습니다. 오히려 전체 건물 내에서 어쩌면 가장 조용하고 차분한 공간일 것입니다. 명왕성의 자제력은 주변의 모든 것에 영향력을 미칩니다.(쌍둥이자리, 물병자리, 사자자리의 영향이 많은 경우에는 예외일 수 있습니다. 그렇다고 하더라도 시끄럽거나 어수선한 경우는 거의 없습니다. 속도가 조금 더 빠를 뿐입니다.) 전갈자리 사장이 자신의 기질을 통제하는 능력은 정말

경탄할 만합니다. 무엇을 계획하든 포기할 줄 모르고, 자신이 추구하는 것을 얼마나 간절하게 원하는지 결코 사람들이 눈치 채지 못하게 합니다. 전갈자리 사장의 경쟁자는 그가 얼마나 상대방을 정복하고 싶어 하는지 전혀 눈치재치 못합니다. 그것이 기정사실화되고 전갈자리 사장이 마침내 승리했을 때에나 알게 되지요. 사장은 당신을 꿰뚫어볼 수 있지만, 다른 사람들은 절대로 전갈자리 사장의 깊은 감정을 읽어 낼 수 없습니다. 전갈자리 사장의 가장 강력한 무기 중의 하나는 목적과 의도를 드러내지 않는다는 것입니다. 자기 감정을 숨기고 의도 역시 완벽하게 위장하기 때문에, 그의 적은 항상 그 사장이 뒤에서 공격하거나 아예 공격하지 않을 거라고만 생각합니다. 그러다 갑자기 오른쪽 측면에서 재빠른 움직임이 느껴지면 놀랄 수밖에 없죠. 전갈자리 사장은 상대방이 절대로 아니라고 생각한 방향에서, 전혀 예상치 못한 타이밍에 공격합니다. 경기에서 이기는 가장 좋은 방법이지요.

    이것은 전갈자리 사장에게 명성과 성공을 가져다주는 비법이기도 합니다. 만약 전갈자리 사장이 당신을 좋아한다면, 당신을 승진시키거나 또는 당신의 소망과 꿈을 함께 이루기 위해 부단히 노력할 것입니다. 그가 만약 당신을 좋아하지 않는다면 이 글을 읽는 것은 의미가 없습니다. 처음부터 당신을 고용하지도 않았을 테고, 설령 회사의 다른 임원이 당신을 고용했더라도 전갈자리 사장 밑에서 오래 일할 수 없을 것입니다. 전갈자리 사장은 자신의 조직에 속하지 않은 사람들에게는 동정이나 자비를 거의 베풀지 않습니다. 그의 첫 번째 관심사는 바로 조직이고(자신의 개인적인 목표라는 말과 동의어이지요.) 개인은 맨 마지막입니다. 전갈자리 사장과 일하고 있는 사람들이라면 제가 괜한 트집을 잡는다고 발끈하고 있겠죠? 네. 전갈자리 사장은 완벽하고 순수하다는 것 말고는 트집 잡을 게 없죠. 전갈자리와 가깝게 지내는 사람들은 대부분 이렇게 생각합니다. 그렇지 않다면 당신은 휴가를 간 직원을 대신하고 있는 대체 인력에 불과할 것입니다.

전갈자리 사장은 의리가 있는 사람들을 매료시키는 노하우가 있습니다. 그는 대체로 헌신적인 친구들을 곁에 두고 그의 적들은 멀리 둡니다. 마치 전갈자리 사장이 원을 그려 놓은 것 같습니다. 선택받은 자들은 원 안에 있고 나머지 사람들은 너무 가깝게 다가서지 못하도록 마법을 겁니다. 적이 전갈자리 사장에게 다가가는 것은 어렵거나 아예 불가능합니다. 그 사장이 자기의 기준에 미치지 못하는 사람들을 최면적인 눈으로 한번 쳐다보기만 해도 그 적은 여성이건 남성이건 추방당하고 맙니다. 전갈자리에게 함량 미달의 사람은 그냥 존재하지 않는 사람입니다. 그의 마음속에는 당신이 없습니다. 그에게 당신은 보이지도 않고 들리지도 않습니다. 당신이 위험할 정도로 너무 가까이 다가오면 레이더가 경고를 해 줍니다. 존재하지 않는 사람 취급을 받으면 참 공허한 기분이 들 거예요. 유령이 되는 것은 불편한 일이지요. 시간이 좀 지나면 전갈자리에게 환영받지 못하는 사람들은 자기의 존재를 피가 끓는 인간으로 알아봐 주는 사람들이 있는 곳으로 자연스럽게 퇴장합니다.

전갈자리 사장이 기적을 이루기 위해 흡혈귀 같은 모습으로, 코에서 죽음의 냉기를 내뿜고 있을 거라는 착각은 하지 마세요. 그는 마법을 실행할 때 검은 망토를 입을 필요도 없고 무시무시한 말투로 얘기할 필요도 없습니다. 전갈자리 사장 밑에서 모험을 막 시작한 사람이라면 그를 처음 볼 때 전갈자리의 힘에 대한 설명이 과장되었다고 생각할 것입니다.

전갈자리 사장의 체격에서는 그런 힘이 느껴지지 않을 테고, 사장은 스테인드 글라스 창문에서나 볼 수 있는 그런 미소를 띠고 있을 것입니다. 그 미소가 반짝이는 순간 당신은 녹아 버리고, 아마도 천문해석학이 당신을 호도했다고 생각할 것입니다. 그가 자장가를 부르는 아일랜드의 촌부만큼 평화로워 보일지도 모릅니다. 하지만 다음 순간 사장은 예리한 눈빛으로 당신을 뚫어져라 쳐다볼 것이고, 당신 주변에 주저앉을 수 있는 소파라도 있어야 할 것입니다. 이쯤 되면 당신은 그의 자석 같은 매력에 이끌려 최면에 걸린 것입니다. 어쩌면 당신은 지시를 기다리면서 자신도 모르게 앞뒤로 흔들리고 있을지도 모르겠네요. 이제 그는 당신의 감정을 지배합니다. 이제 다른 어떤 누구도 당신에게 영향을 미칠 수 없습니다. 이미 늦었습니다. 당신은 멋지고 친절하고 부드러우며 재능이 많은 훌륭한 사장에게 맹목적으로 충성하게 될 테고, 그를 위험한 존재로 여기는 사람이라면 대상을 막론하고 질투와 복수에 찬 미치광이로 치부하게 될 것입니다. 전갈자리 사장은 모든 사람들이 꿈꾸는 가장 사랑스러운 사장이니까요.

지금 사랑스럽다고 했나요? 필요하다면 여러 형용사를 동원해도 좋지만 이 표현만은 신중해야 합니다. 멋지다? 맞습니다. 친절하다? 네, 그렇지요. 재능이 있고 훌륭하다? 네, 당연하죠. 다정하다? 네, 정말 맞습니다. 수천 번이고 맞습니다. 하지만 사랑스럽다? 이건 결단코 아닙니다. 이미 전갈자리 사장 밑에서 일하고 있거나 당신처럼 이제 막 문지방을 넘어서려고 하는 사람들에게 알려 드릴 것이 있어요. 제 친한 친구 중에 엄청난 재능을 가진 전갈자리 작곡가가 있습니다. 저는 그의 마술적인 테스트에도 합격했답니다. 그리고 저희 집에도 어린 전갈자리가 살고 있답니다.(제가 아직은 주도권을 잡고 있다는 걸 눈치 채셨지요? 제가 '그의 집'에서 살고 있다고 말하지 않았으니까요.) 어쨌든 저는 그 어린 전갈자리와도 제법 가깝습니다. 그러니 저는 당신의 전갈자리 사장의 적은 아닙니다. 안심해도 됩니다. 하지만 천문해석학 덕분에 여러분보다는 제가 전갈자리에 대해 조금 더 잘 이해하고 있을 것입니다. 예를 들어, 여러분은 틀림없이 전갈자리 사장이 어떤 위기가 닥쳐와도 마치 매일 아침 침대에서 일어날 때처럼 그렇게 부드럽고 무심한 표정을 지을 거라고 생각하겠지요. 그런데 실제로는 그렇지 않습니다. 전갈자리 사장은 그런 경우에 완벽하게 변신한답니다.

전갈자리 사장은 감정을 드러내는 것을 몹시 싫어합니다. 그는 사람들이 무슨 수를 쓰더라도, 어떤 대가를 치르더라도 침착한 모습을 유지해야 한다고 생각합니다. 하지만 긴급 상황이 발생해서 신속하고 강하게 대응해야 할 때면 아주 격렬한 태도로 돌변하는데, 도저히 동일한 사람이라고 믿을 수 없을 정도입니다. 모든 상황이 종료되어 다시 통제 하에 놓이게 되면 그의 열정적인 감정 또한 다시 통제받습니다. 무섭도록 뜨거운 감정은 언젠가 다시 필요해질 때까지 강한 성격 안에 꽁꽁 봉인되어 있답니다.

일반적으로 전갈자리 사장은 신중하고 온화하고 차분한 사람입니다. 머리카락도 단정하고 성격도 절제되어 있습니다. 앞서 말한 지킬 박사와 하이드 식의 대변신은 아무 때나 일어나지 않습니다. 사업이 위기에 처하거나 연애 감정이 격심한 진통을 겪을 때만 나타납니다. 하지만 사장의 연애 문제는 직원인 당신이 관여할 바가 아니지요. 일반적인 상황에서는요. 전갈자리 사장의 차분하고 균형 잡힌 마스크는 아주 심각한 경우가 아니라면 좀처럼 벗겨지지 않습니다.

사장에게 자주 아첨을 떨지 마세요. 전갈자리 사장의 의심은 잠들지 않는답니다. 일어나서 잠들 때까지 계속 의심하고, 촉수로 숨어 있는 동기를 찾아내려고 합니다. 전갈자리 사장의 단점 중 하나가 순수한 사람들이 하는 순진한 말마저도 지나치게 자주 의심한다는 점입니다. 사장의 책상 위에 놓인 새빨간 사과를 너무 열심히 문지르면 승진은커녕 오히려 해고를 당할 수도 있습니다. 그가 당신이 사장 자리를 차지하기 위해 아부를 떤다고 의심할 수 있으니까요. 차라리 가끔 진심을 담아서 사장의 능력을 인정하는 말을 하세요. 전갈자리 사장은 깊이 감사할 것입니다. 그러니 지나친 아부는 하지 마세요. 당신은 사장에게 모든 면에서 충성을 다하겠지만 사장에게 받은 것은 정확하게 돌려주어야 합니다. 그는 돈 거래에 있어서는 아주 엄격한 사람입니다. 어떤 방식으로든 돈과 관련된 문제는 아주 명확하게 처리해야 합니다. 그리고 절대로, 절대로, 절대로, 절대로, 절대로 그를 이기려고 하거나 상처 주려는 시도는 하지 마세요. 정 이 충고를 무시해야겠다면, 먼저 몇 주 동안 계란 껍질 위를 조심스레 걷는 연습을 하세요. 독거미가 숨어 있는 계란 껍질이라면 금상첨화입니다. 전갈자리의 복수는 시험해 볼 만한 대상이 아니랍니다.

아무리 어려운 문제라도 전갈자리 사장이 맡으면 쉽게 해결될 것입니다. 전갈자리에게는 비극적인 개인사나 질병, 그리고 일과 관련된 온갖 재앙을 용기와 초인적인 의지로 극복해 내는 능력이 있습니다. 개인적인 성격 유형은 다른 별자리보다 훨씬 다양합니다. 비록 전갈자리가 불가해한 미스터리를 연구하는 과학자로 살아가기는 하지만, 이 만능 탐정에게 가장 큰 미스터리는 바로 자기 자신입니다.

전갈자리를 완벽하게 꿰뚫어보는 것은 불가능합니다. 설령 할 수 있다 하더라도, 전갈이 자신의 눈빛과 목소리로 당신을 마비시켜 버리면 당신은 목숨 걸고 알아

낸 모든 것을 잊게 됩니다. 제가 드릴 수 있는 조언은 기껏해야 긴장은 하되 마음을 열고 있으라는 것뿐입니다. 긴장은 당연히 방어 수단이고요, 마음을 열고 있어야 하는 이유는 당신이 영원히 존경하게 될 사람의 진실과 용기를 수용하기 위해서입니다. 심중을 알 수 없고 성격이 복잡한 탐정 같은 겉모습에도 불구하고, 전갈자리 사장은 절대로 자신을 기만하지 않습니다. 우리들 중 어느 누가 모든 순간에 늘 완벽하게 정직하다고 말할 수 있을까요? 아무리 인품이 훌륭한 사람일지라도 그건 쉬운 일이 아니지요.

전갈자리 직원

♏

"하지만 당신도 번데기가 됐다가 금방-언젠가는 그렇게 되시겠지만-
나비가 됐다가 하면 기분이 아주 이상할걸요?"
"아니, 전혀." 애벌레가 말했다.

회사에서 가장 자율적으로 일하는 사람을 꼽으라고 하면 가장 먼저 누가 떠오르나요? 내적으로 가장 자신감에 차 있고, 그러면서도 그것을 과시하지 않는 직원이 있나요? 눈빛은 차분하고, 변명을 가장 적게 하고, 직원 중에서 가장 침착한가요? 그는 칭찬을 받아들일 줄 아는 사람인가요, 아니면 그냥 무시하는 사람인가요? 사생활에 대해서는 비밀스러운 사람인가요? 그 직원은 자기 미래에 대한 큰 계획을 가지고 있나요? 모든 것이 다 맞는다면, 질문이 한 가지 더 있습니다. 다른 직원들이 그 사람을 약간 두려워하나요? 그렇다면 의심할 여지없이 그 직원은 전갈자리입니다.

전갈자리 직원은 자기 운명의 주인이자 자기 영혼의 지휘관입니다. 그 직원은 스스로 동기를 부여하는 외골수 타입입니다. 전갈자리만큼 지략이 넘치고 자신의 잠재력을 확신하는 사람은 없을 것입니다. 전갈자리는 스스로의 인생을 설계하고 실현시켜 가는 능력이 있으며, 본인 역시 이 사실을 알고 있습니다. 그는 절대로 스스로를 기만하지 않으며, 자기의 실수를 남에게 전가하지 않습니다. 마음 먹은 위치에 반드시 오를 것이고, 그 여정에서 누군가가 편의를 봐 주리라는 기대 따위는 하지 않습니다. 그는 열등감을 느낄 가능성이 가장 적은 사람입니다.(회색 도마뱀 유형의 전갈자리 중에는 자신의 강력한 힘을 거꾸로 사용해서 침묵의 패배자가 되는 사람도 있습니다. 그렇다고 하더라도 스스로 내린 결정입니다. 그는 운명에 휘둘리지 않지요.)

전갈자리 직원의 행동 이면에 있는 동기를 파악하

기란 쉽지 않을 것입니다. 전갈자리의 잔혹함, 복수심, 응징하려는 확고한 의지 등에 대해서는 들어 보셨겠지만, 전갈자리 직원이 당신과의 관계에서 보여 주는 모습은 이런 모습과는 달라서 어리둥절할 수도 있습니다. 하지만 이런 성격이 없을 리는 없지요. 현재로서는 냉정함을 유지하고 있는 것입니다. 전갈자리 직원은 좋은 결과가 기다리고 있다면 힘든 과정은 상관없다고 생각하기 때문입니다. 그는 자신이 무엇을 하고 있는지 정확하게 알고 있습니다. 하지만 당신은 모를 수도 있지요.

전갈자리 직원이 당신을 대하는 태도는 그가 당신에게 무엇을 원하고 당신이 과연 그가 인생에서 원하는 것을 제시할 수 있는가에 따라 달라질 것입니다. 평범한 사람이 전갈자리의 의견에 반대하고 모욕하거나, 그를 함부로 대하고 약속을 지키지 않거나, 전갈의 꼬리를 밟는다면, 신의 자비가 있기를 기도하는 수밖에 없습니다. 그 사람은 자신이 명왕성에 대항했던 그날을 뼈아프게 후회할 것입니다. 하지만 만약 당신이 전갈자리 직원의 꿈을 이뤄 줄 수 있는 힘 있는 존재라면, 별다른 대응을 하지 않을 것입니다. 전갈자리가 원하는 것을 당신이 가지고 있다면, 그는 신중하고 차분하게 (믿을지는 모르겠지만) 어떠한 복수심도 품지 않고 자기 방어를 위한 공격성조차 무장 해제한 채, 당신의 명령이라면 무엇이든 따를 것입니다. 전갈자리가 자신의 깊은 분노를 제어할 수 있을 뿐더러 심지어 제거할 수도 있다는 점은 그가 얼마나 내면이 강한 사람인지를 증명해 주지요.

하지만 이 이론을 시험해 보기 전에 해야 할 일이 있습니다. 당신이 어떤 사람인지 생각해 보아야 합니다. 평범한 사람(일반적인 사장이나 친구, 이웃, 동료, 부하 직원, 그리고 가족과 사랑하는 사람도 여기에 해당됩니다.)인지 아니면 전갈자리 직원의 꿈을 대변해 줄 수 있는 힘 있는 사람인지 정확하게 파악해야 합니다. 후자에 포함된다는 확신이 들지 않으면 시험 자체가 너무 위험하니까요.

예를 들어, 텔레비전 프로듀서인 당신이 전갈자리 방송 작가에게 어떤 상황에 맞는 대본을 써 오라는 지시를 내렸다고 합시다. 당신은 그가 네 번이나 고쳐 써 온 대본을 분쇄기에 넣어 버리고는 다시 한 번 써 보라고 요구합니다. 아마도 이렇게 말할 수 있겠죠. "이건

형편없어요. 좀 재미있게 써 보세요." 위험한 전갈자리 작가는 이런 경우에 어떻게 할까요? 그는 농담을 좀 더 집어넣어서 대본을 다시 작성할 것입니다. 당신은 그가 원하는 것을 가지고 있으니까요. 자신이 쓴 대본을 영화로 생생하게 만들 힘을 가지고 있으니까요. 그 전갈자리 작가는 당신의 예술적 견해에는 완전히 동의하지 않을 수 있지만, 어쨌든 당신은 상사이지요. 현재로서는 당신이 감독이니까요. 나중에 전갈자리 작가가 성공하면 어떻게 될까요? 그 작가가 과거 일에 대해서 언제가 당신에게 복수를 할까 봐 걱정할 필요는 없습니다. 그건 명왕성의 코드가 아니랍니다. 당신이 그의 꿈을 키워 주었고, 꿈을 실현시켜 주었으니까요. 원한은 품지 않습니다. 단지 자신의 입지가 바뀌었다는 점은 분명히 할 것입니다. 당신은 전갈자리 작가의 예술적 취향에 대해 의구심을 품을 권리와 앞으로 그에게 창조적인 아이디어를 어떻게 표현하라고 지시할 수 있는 기회를 박탈당했을 뿐입니다. 당신은 그런 메시지를 이해할 것이고 그걸로 끝입니다. 하지만 당신을 제외하고 그 전에 전갈자리 작가의 예민한 자존심에 무신경했던 사람들, 그의 노력에 혹평을 가했던 사람들이라면 상처를 좀 받게 될 것입니다.

전갈자리는 적어도 한 가지는 명확하게 알고 있답니다. 빵의 어느 쪽에 버터가 발라져 있고, 누가 잼을 가지고 있는지 압니다. 언젠가는 목표에 도달할 것이라고 확신하고 있기 때문에 눈앞에 있는 소소한 방해물을 서둘러 제거하지도 않습니다. 또한 필요에 의한 복종을 수치스럽게 생각하지도 않습니다. 그렇기 때문에 당신의 전갈자리 직원은 두려울 것이 없지요. 자신감은 항상 용기를 낳는 법이지요. 모든 일에는 때가 있다는 것을 그는 알고 있습니다. 우주의 비밀을 깊고도 신비스러운 통찰력으로 감지하는 그는 자신의 시대가 언제 도래할지 알고 있답니다. 시대를 만든다기보다는 그저 그 시대가 도래하는 것이지요. 전갈자리 직원은 초조해하는 타입이 아니라는 것을 아시겠지요?

제가 아는 한 젊은 전갈자리 변호사는 최근에 잘나가는 법률 회사와 인연을 맺었는데요. 그 법률 회사는 높은 수익을 보장해 주는 명망 있는 고객을 많이 보유하고 있었습니다. 어느 날 이 전갈자리 변호사의 상관인 핑크(가명) 씨가 기업 합병에 대한 장문의 제안서를 준비해 줄 것을 요청했습니다. 이 요청은 전갈자리 변호사가 잠잘 시간도 없다는 것을 의미합니다. 바로 다음날 아침 10시 정각에 열릴 회의에 제안서가 꼭 필요하다고 했기 때문입니다. 다음날이 되었지요. 우리의 영웅은 아침 9시에 책상 앞에서 초롱초롱한 상태로 차분하게 핑크 씨가 부르기만을 기다리고 있었습니다. 그 각서를 작성하느라 밤을 꼬박 새야 했고, 그 덕분에 결혼기념일을 자축하려고 1주일 전에 예약해 두었던 저녁 식사를 취소해야 했기 때문에 아내는 아내대로 불만이 쌓였습니다. 9시 45분이 되었습니다. 핑크 씨의 비서는 미안해하면서 핑크 씨가 마음이 바뀌었다고 전해 왔습니다. 회의를 다음 주로 연기한 것이지요. 봄날이 화창해서 다른 도시에 살고 있는 고객들과 골프를 치기로 마음을 바꿨다고 하네요. "불편을 초래한 것이 아니길 바란다."라는 말을 덧붙였다고 비서가 주저하면서 얘기합니다. 이쯤 되면 전갈자리 변호사가 책상을 박차고 일어나 당장 그 골프장으로 달려갈 거라고 예상하시지요? 하지만 실제로 그런 일은 일어나지 않았습니다. 전갈자리 변호사가 어떻게 대응했냐고요? 그저 한 번 어깨를 으쓱했을 뿐이랍니다. 차분하고도 신비스러운, 그러면서도 절제된 미소를 지은 채 완성된 제안서를 건네며 이렇게 말했습니다. 그것도 깍듯하게 말입니다. "이 서류 좀 핑크 씨 책상 위에 갖다 놔 줄래요? 저는 집에 가서 눈 좀 붙이고 와야겠어요. 2시 미팅 전에는 돌아올 거예요." 그러고는 황소자리의 인내심 있는 태도와 염소자리의 규범적인 태도로 아내에게 전화를 걸어 집에 가서 점심을 먹겠다고 말했습니다. 이 전갈자리 변호사는 핑크 씨와 파트너십을 목표로 일하고 있었던 것입니다. 그 전날 엄청나게 실망했던 변호사의 아내는 제 시간에 점심을 준비해 놓았을까요? 물론입니다. 전갈자리의 아내니까요. 그녀가 앞으로도 이런저런 기념일을 계속 챙기고 싶어 한다면 반드시 그렇게 해야지요. 그녀는 이 전갈자리 변호사의 상관이 아니잖아요? 핑크 씨가 상관이지요. 적어도 올해는 그렇습니다.

당신이 전갈자리 직원의 미래에 있어 아주 중요한 사람이라면 당신도 핑크 씨가 될 수 있습니다. 원자폭탄이 터질까 염려할 필요는 없지요. 하지만 지나친 자신감은 곤란합니다. 제가 당신이라면 앞에서 언급한 핑크 씨 사건과 같은 일은 최소한으로 줄일 것입니다. 하지만 제가 당신이 아니라는 사실이 천만 다행입니다. 저는 전갈자리와 러시안룰렛 게임을 할 자신이 없거든요.

전갈자리 직원은 남녀 모두 불가피한 일이 돌발적으로 발생해도, 그 대가가 충분하기만 하다면 아무런 불평 없이 수용합니다. 이들은 일단 독수리의 눈으로 그 잠재성을 확인하고 그 결과를 산출해서 가능한 보상을 확인합니다. 그 다음엔 냉정한 이성과 확고한 목적의식으로 결단을 내립니다. 그러고는 아무런 불만 없이 따릅니다. 대부분의 사장들은 전갈자리의 이 같은 철학을 높이 평가하며 존경합니다. 성공의 가치를 알고 있기에 그 가치를 위해서라면 기꺼이 대가를 지불하지요. 게다가 어떤 특별한 권리를 요구하지도 않습니다. 하지만 마침내 성공하고 나면 잊지 말아야 할 게 있습니다. 전반전이 끝났으므로 이제 코트를 바꿔야 한다는 것이지요.

다른 직원과 비교해 보면, 전갈자리 직원이 존경할 만한 자질을 가지고 있음을 알게 됩니다. 좀 구식이기는 하지만 바로 '충성심'이라고 불리는, 요즘에는 참으로 보기 힘든 자질입니다. 당신이 사장이니 듣기 좋으라고 하는 말도 아니고, 일반적으로 야심 있는 직원들이 보이는 위선적인 노예근성을 말하는 것도 아닙니다. 전갈자리 직원들은 충성심이라는 자기만의 감각이 있답니다.

제가 펜실베이니아 주에 있는 소도시 라디오 방송국에서 일을 할 때였는데요, 저는 어떤 전갈자리 프로듀서의 말에 정말 깊은 감명을 받은 적이 있습니다. 방송국 사장은 마치 스크루지 영감과 후크 선장을 합쳐 놓은 것 같은 야비한 사람이었습니다. 평소보다 덜 비열하다는 말이 그에게 할 수 있는 최고의 칭찬일 정도였습니다. 사장은 친구가 단 한 명뿐이었는데, 바로 어머니였습니다. 사장은 방송국 이외에도 도심 빌딩의 절반 정도를 소유하고 있었기 때문에, 다들 순종하며 굽실거렸습니다. 그가 사무실에 들어오면 사람들은 활짝 웃으며 사장님이라고 부르고, 그가 무슨 지시라도 내리면 벌떡 일어나 이행하기는 했지만, 그가 돌아서면 바로 얼굴을 바꾸고 그의 우스꽝스러운 넥타이와 꽥꽥거리는 목소리를 비웃으며 킬킬거렸습니다. 직원들은 사장의 장례식 날을 회사 차원의 기념일로 만들어야 한다고 농담을 했으며, 사장이 출타중일 때는 사장의 사망 기사를 써서 가장 포복절도할 기사를 쓴 직원에게 상을 주는 놀이를 하곤 했습니다.

그런데 그 전갈자리 프로듀서는 한 번도 그 놀이에 참여하지 않았습니다. 항상 자신의 프로그램 때문에 바빴지요. 어느 날 비서가 왜 사무실 놀이에 참여하지 않는지 물어봤습니다. 프로듀서는 전갈자리 특유의 최면을 거는 듯한 눈빛으로 비서를 바라보며 짧게 답했습니다. "사장이 나한테 봉급을 주잖아요. 나는 그 사람을 위해 일하고 있고요." "그게 도대체 무슨 상관이에요?" 비서는 궁금했지요. "사장은 아침마다 다른 직원들 앞에서 당신에게 고함을 치고, 지난 2년 동안 당신한테 휴가를 준 적도 없잖아요. 한 번이라도 당신을 칭찬한 적이 있어요? 도대체 당신은 자존심도 없어요?"

전갈자리는 말투를 바꾸지 않고서 "칭찬을 은행에 저금할 수는 없죠. 저는 현금이 더 좋아요."라고 조용하게 말했습니다. "하지만 사장이 당신을 대하는 태도를 왜 그냥 받아들이는 거예요?" 비서는 끈질기게 물어보았습니다. 전갈자리 프로듀서의 답은 간단했습니다. "내가 누군가의 돈을 받을 때 나는 그 사람의 명령을 받습니다. 더 이상 명령을 듣지 않겠다고 결심하면 돈을 받는 것도 그만두고 떠나야 합니다. 다음 주 편성표 있어요? 광고 편성하기 전에 확인을 좀 해야겠어요."

비서는 아무 말 없이 편성표를 건네주었고, 그는 시계를 보더니 일하러 돌아갔습니다. 며칠 후에 비서는 전갈자리 프로듀서에게 점심 먹고 돌아올 때 커피를 좀 사다 달라고 부탁했습니다. 그런데 어떤 이유에서인지 그는 그만 깜박하고 말았습니다. 또한 이듬해 봄 자신의 결혼식 초대장도 그 비서에게는 보내지 않았습니다. 그 비서가 자신에게 했던 말, 자존심이 없다고 했던 말을 기억했던 것입니다. 전갈자리는 기억력이 몹시 좋습니다. 이 프로듀서 이야기는 전형적인 전갈자리 직원이 누구에게 어떤 이유로, 언제, 어떻게 복수하는지를 잘 보여 줍니다. 사장에 대한 전갈자리 직원의 충성심이 어떠한지도 말입니다.

전갈자리 직원은 치열하고 집요합니다. 자신의 경

력에 상당히 진지하며 절대로 목표를 잊지 않습니다. 전갈자리 직원은 고집이 세고, 반항적이고, 격정적이며, 고압적인 태도가 있을 수는 있습니다. 하지만 업무 시간에 장난으로 사망 기사나 쓰면서 시간을 보내지는 않습니다. 이들에게 있어 죽음은 심각한 주제입니다. 사장인 당신도 심각한 주제가 됩니다. 당신은 힘에 도달하는 길에 있는 가교입니다. 그래서 전갈자리가 강을 건너 무사히 반대쪽에 다다를 때까지는 당신을 존중할 것입니다. 현명한 지략가라면, 다리를 폭파시키는 일 따위는 절대 하지 않습니다. 전갈자리는 현명합니다. 그 중 일부는 아주 뛰어난 사람들입니다. 전갈자리 직원은 모두 판단이 빠르고 논리적입니다. 그리고 전갈자리는 남녀를 막론하고 삶, 기계, 사실, 또는 인류에 대한 미스터리와 궁금증 해소와 관련된 일에 빠질 때가 많습니다. 그래서 형사, 심리학자, 과학자, 외과 의사, 경찰, 연구원, 리포터, 심지어 장의사와 같은 일에 종사하는 사람이 많습니다. 이들은 살아 있는 동안 매일 지식을 쌓아 가야 하고, 동시에 재능과 능력 그리고 수입까지도 같은 속도로 늘어나야 하는 사람들입니다.

전갈자리의 사생활을 절대로 캐고 다니지 마세요. 전갈자리 직원은 그것을 용납하지 않을 것입니다. 만약 그가 당신을 좋아하고 회사 일도 좋아한다면, 당신을 관대하고 공정하게 대할 것입니다. 8시간 수당에 상응하는 8시간 노동을 제공할 것이며, 일이 재미없다 하더라도 시계나 보고 있지는 않을 것입니다. 전갈자리 직원은 자기만의 원칙과 생각을 확고하게 유지해 나갑니다. 충성심이나 사랑과 야망보다도 자기만의 원칙과 아이디어에 가장 충실합니다. 그 어떤 누구도 전갈자리의 견해와 생각을 강압적으로 바꿀 수 없습니다. 전갈자리 자신만이 가능한 일입니다. 지배성인 명왕성의 힘으로 자신의 본성에 따라 이루어져야 합니다. 이 본성에 따라 내린 결론이 부정적이라면, 그는 지구상의 어느 누구보다도 제일 빨리 문을 박차고 떠나 버릴 것입니다. 영원히 말이지요. 부사장 직함을 가지고 있더라도 마찬가지입니다. 전갈자리는 자기가 하는 일에 걸맞은 급여를 받아야 합니다. 급여가 너무 높다고 생각해도 그는 떠날 것입니다. 이것이 바로 전갈자리의 방식입니다. 모든 일이 다 끝나고 나면 전갈자리의 진정한 충성심은 바로 자기 자신을 향합니다. 자신을 향한다고 해서 이기적이라는 것은 아닙니다. 그가 아주 젊었을 때 가장 좋아하던 구절은 이렇게 시작합니다. "무엇보다도 네 자신에게 참되어라." 그가 이 말을 이해하고 또한 행하고 있다면 어느 누구에게도 거짓되지 않겠지요.

글을 마치며 ✵

당신은 끝없는 우주입니다

> 바빌론까지는 얼마나 멀어요?
> 60마일하고도 10마일 더 가야지.
> 촛불만 들고 갈 수 있을까요?
> 물론이지, 돌아올 수도 있는 걸!
> ─마더구스 중에서

 마더구스의 순백색 깃털을 흔들고 그 이상한 주파수에 채널을 맞추면, 지혜로운 마더구스가 비밀을 보여 줄지도 모릅니다. 언뜻 유치하게 들리는 마더구스의 자장가에는 숨은 보석 같은 지혜가 담겨 있을 것입니다.

 바빌론이 얼마나 멀리 있냐고요? 칼레도니아의 샌들 신은 사람들의 시대나 보석을 걸치고 향수를 뿌린 이집트 파라오의 시대에서부터 우주 시대까지는, 혹은 사라진 아틀란티스 대륙 시대에서부터 제트 항공기 시대인 21세기까지는 어마어마한 시간의 흐름이 있다는 것을 알겠습니다. 하지만 실제로 그 시절이 얼마나 멀리 있는 걸까요? 어쩌면 한두 번 꿈을 꾸고 나면 닿을 수 있는 거리인지도 모릅니다.

과학 분야 중에서 유일하게 천문해석학만이 그 오랜 세월 동안 온전하게 이어져 오고 있습니다. 그 세월 동안 변치 않고 우리 곁에 남아 있다는 사실에 놀랄 필요는 없습니다. 천문해석학은 진실이고, 진실은 영원하니까요. 문명이 처음 생길 때부터 마치 모든 여성들과 남성들의 목소리가 메아리치듯이 오늘날 현대에도 똑같은 말이 반복되고 있지요. "금성이 당신의 지배행성인가요?", "저는 황소자리로 태어났어요.", "당신의 수성도 쌍둥이자리인가요?", "그 사람이 물병자리인 걸 모르시겠어요?"

천문해석학은 우리에게 행성 탐험이라는 흥미로운 미래를 마련해 주는 동시에 우리를 아련한 과거와 연결해 주는 황금 끈입니다. 과거에 황당한 미래 사회에 대한 글을 쓰거나 영화를 만들었던 사람들이 사실 몽상가가 아니었음이 증명되고 있습니다. 너무나도 환상적인 영화 〈벅 로저스〉*는 모든 분야의 과학보다 진보한 이야기를 다루었으며, 이 우주에는 우리가 상상하는 것보다 훨씬 많은 것이 존재한다는 사실을 일깨워 주었습니다. 만화책 주인공이었던 딕 트레이시가 사용했던 양방향 손목 무전기는 이제 더 이상 환상이 아니라 현실이 되었지요. 문 메이드**의 가장 강력한 무기는 레이저 광선이라는 기적과 맞아떨어지면서 납을 물처럼 흐르게 하고 인간이 알고 있는 어떤 단단한 물질도 뚫을 수 있게 되었습니다. 쥘 베른Jules Verne과 플래시 고든Flash Gordon은 상당히 매력적인 예언가로 평가받고 있습니다. 바다 속 심연과 그보다 훨씬 먼 지구 위 하늘에는 중요한 비밀이 숨어 있다는 사실도 이제는 과학으로 밝혀졌지요.

공상과학 작가나 만화가가 연구실에 있는 과학자보다 과거와 현재 그리고 미래 사이의 실제적인 거리감에 대해 더 잘 알고 있는 걸까요? 아인슈타인 박사는 시간

---

* 벅 로저스(Buck Rogers): 1939년 미국에서 제작된 공상 과학 영화.
** 문 메이드(Moon Maid): 에드거 라이스 버로스의 판타지 소설 『The Moon Maid』의 주인공.

이 상대적이라는 사실을 알아냈습니다. 시인들도 항상 알고 있었고, 과거로부터 전해 내려오는 현자들도 알고 있었습니다. 그 메시지는 새로운 것이 아니었죠. 요즘처럼 천문해석학에 관심이 쏟아지기 훨씬 이전에도 플라톤, 톨레미, 히포크라테스, 그리고 콜럼버스는 천문해석학의 지혜를 존중했고 갈릴레오, 벤 프랭클린, 토머스 제퍼슨, 아이작 뉴턴, 그리고 카를 융 같은 사람들도 천문해석학을 가까이했습니다. 존 퀸시 애덤스 대통령도 그 중 한 명이며 위대한 천문학자 튀코 브라헤, 요하네스 케플러도 추가해야 합니다. RCA* 회사의 천재 연구원 존 넬슨, 그리고 퓰리처 수상에 빛나는 존 오닐 등도 있습니다. 이들 모두 고등교육을 받은 사람들이지요.

1953년 노스웨스턴 대학의 프랑크 브라운 주니어 교수는 굴을 가지고 실험을 하는 과정에서 정말 놀라운 사실을 발견했습니다. 지금까지 과학계에서는 굴이 껍데기를 열고 닫는 주기는 태어난 장소의 조수간만 주기

---

* RCA(Radio Corporation of America): 1932년 설립된 미국의 전자 기업으로 미국 내에 라디오와 텔레비전을 보급했다. 1986년 제너럴 일렉트릭(GE)에 인수되었다.

를 따른다고 추정해 왔습니다. 하지만 브라운 박사가 롱아일랜드 해협에서 채집한 굴을 일리노이 주의 에반스턴에 있는 연구실 수조에 가져다 놓았을 때 이상한 일이 벌어졌습니다.

　　굴을 옮겨 놓은 곳은 항상 일정한 온도를 유지하고 늘 희미한 조명을 켜 둔 상태였습니다. 처음 2주 동안 그 옮겨진 굴은 1000마일 떨어져 있는 롱아일랜드 해협의 조수간만에 따라 껍데기를 열고 닫았습니다. 그러다 갑자기 껍데기를 굳게 닫고는 몇 시간 동안 그대로 있었습니다. 굴이 향수병으로 인해 껍데기를 닫아 버렸다고 브라운 박사 연구팀이 결론 내리려고 할 즈음 이상한 일이 생겼습니다. 굴이 다시 껍데기를 연 것입니다. 롱아일랜드 해협 밀물 시간에서 정확하게 4시간 뒤인 에반스턴 밀물 시간에, 마치 해변에 있는 굴처럼 껍데기를 열었습니다. 새로운 주기가 시작되었습니다. 자신의 리듬을 새로운 지리적 위도와 경도에 맞췄습니다. 도대체 어떤 힘이 작용했을까요? 물론 달의 힘이죠. 브라운 박사는 굴의 에너지 주기가 밀물과 썰물을 통제하는 신비한 달의 신호에 의해서 움직인다고 결론 내릴 수밖에 없었습니다.

 이와 마찬가지로 인간의 에너지와 정서적 주기도 여러 행성들로부터 오는 훨씬 더 복잡한 전자기 네트워크에 영향을 받습니다. 과학계에서는 달의 인력으로 인해 바다에서 조수간만의 차가 발생하는 것으로 인식하고 있습니다. 신체의 70퍼센트가 물로 구성되어 있는 인간이 그런 강력한 행성의 인력에 영향을 받지 않을 수 있을까요? 우주 비행사들이 행성에 다가갈 때 느끼는 엄청난 전자기력의 영향은 익히 알려진 사실입니다. 달의 인력은 여성들의 월경 주기나 출산에도 영향을 미친다고 알려져 있고, 정신병원 환자들이 달의 영향을 받는다는 의사와 간호사들의 반복되는 증언도 있습니다. 보름달이 뜨는 날에는 경찰도 힘들어한다는 얘기를 들어 보셨는지요? 농사력에 나오는 조언을 무시하고 지지대를 박거나 돼지를 잡거나 작물을 심는 농부가 있을까요? 달과 행성들의 움직임은 의회에서 논의하는 세금 문제만큼이나 중요한 문제입니다.

 모든 행성 중에서도 달의 인력이 가장 두드러지고 극적인데, 그것은 달이 지구에서 가장 가깝기 때문입니다. 하지만 태양을 비롯해서 금성, 화성, 수성, 목성, 토성, 천왕성, 해왕성, 명왕성도 아주 멀리서 그 영향력을 분명히 행사하고 있습니다. 과학자들은 식물과 동물이 어떤 규칙적인 주기에 영향을 받는다는 사실을 인식하고 있는데, 그 주기는 바로 공기 중에 있는 자장이나 기압의 변동 그리고 중력과 같은 힘에 의해서 결정된다고 합니다. 지구에 영향을 미치는 이러한 힘은 별의 보이지 않는 파장이 날아오는 우주에서부터 비롯됩니다. 달의 변화, 감마선·우주선·엑스선 샤워, 배 모양 전자기 파장의 맥동, 그리고 외계로부터 오는 여타의 영향력들은 우리를 둘러싸고 있는 대기권을 지속적으로 뚫고 쏟아져 내리고 있습니다. 지구상에 있는 어떤 생명체나 광물도 그것을 피할 수 없으며 우리 인간도 마찬가지입니다.

예일대 의대 해부학 박사인 해럴드 버는 복잡한 자기장이 인간의 출생 시에 어떤 패턴을 형성하는 것뿐만 아니라 사는 동안 그 패턴을 통제한다고 언급했습니다. 버 박사는 또한 인간의 중추신경계는 전자기 에너지를 매우 잘 흡수하는, 자연계에서 가장 예민한 기관이라고 말했습니다.(인간은 굴보다 좀 더 멋있게 걷기는 하지만 굴과

똑같은 진동 소리를 듣는다는 말이지요.) 또한 우리 뇌 속에 있는 세포 10만 개는 전기가 흐를 수 있는 무수히 많은 회로를 형성하고 있습니다.

그러므로 우리 몸과 뇌 속에 있는 미네랄과 화학 물질 및 전기적인 세포는 태양의 흑점, 일식 그리고 행성의 움직임에서 발생하는 모든 영향에 반응합니다. 인간도 다른 모든 살아 있는 유기체와 마찬가지로 우주의 끊임없는 밀물과 썰물에 반응합니다. 하지만 인간은 고유의 자유의지가 있기 때문에 그런 외부의 영향력에 구속될 필요는 없습니다. 다시 말해서 우리의 정신은 이러한 행성들의 영향보다 더 우위에 있다는 뜻입니다. 그러나 불행하게도 우리 대부분은 자유의지(정신의 힘이지요.)를 사용하지 못하고 있고, 우리의 운명을 미시건 호수나 옥수수자루만큼이나 제어하지 못하고 있습니다. 천문해석가의 목표는 사람들이 인생의 급류에 그냥 쓸려 다니지 않고 그 흐름에 맞서 싸우는 방법을 얻도록 도와주는 것입니다.

천문해석학은 과학인 동시에 예술입니다. 비록 많은 사람들이 그 기본적인 사실을 무시하고 싶어 하지만 결코 간과할 수 없습니다. 많은 천문해석가들은 사람들이 천문해석학과 관련한 직감만을 언급하는 것에 대해 분노하고 있습니다. 천문해석가들은 직감과의 연관성을 언급하는 말에 대해서 '천문해석학은 수학에 기초한 정확한 과학이다. 절대로 직감력과 동일선상에서 언급되어서는 안 된다.'라고 강력하게 주장합니다. 저는 그들의 의견도 진정성이 있다고 생각하지만, 왜 그 두 가지를 전혀 다른 것으로 구분해야 하는지 계속 의문이 듭니다. 오늘날에는 문외한들도 자신의 초능력을 알아보기 위해서 책이나 게임 또는 연구 실험을 시도하고 있습니다. 천문해석가라고 그러지 말아야 한다는 법은 없습니다. 육감을 가지고 있거나 개발하고 있는 소수의 사람들을 닭이 머리를 모래에 숨기듯 모른 척해야만 할까요?

천문해석학의 출생차트 계산이 수학적 데이터와 천문학적 사실에 근거한다는 점을 고려한다면 천문해석학은 정확한 과학입니다. 의학도 사실과 연구에 기초한 과학입니다. 그럼에도 불구하고 모든 훌륭한 의사들은 의학이 또한 예술이라는 점을 인정하고 있습니다. 의사들은 직감적 진단을 하는 동료들이 있다는 것을 인식하고 있습니다. 내과 의사들은 개인마다 정도의 차이는 있지만 의학적으로 입증 가능한 사실을 해석함에 있어서 그들에게 막대한 도움을 주는 예민하고 특별한 감각이 있다고 말할 것입니다. 의학적 이론을 종합하여 환자의 개인 이력과 관련된 실험 결과를 해석하는 것은 공식처럼 미리 결정되어 있지 않습니다. 의사의 직관적 통찰력이 없이는 불가능한 과정입니다. 그렇지 않다면 의학은 그냥 전산화하면 그만일 것입니다.

음악도 또한 엄격한 수학 법칙이라는 과학적 토대가 있는 분야로, 코드 진행에 대해 공부해 본 사람이라면 누구나 알고 있을 것입니다. 간주곡들은 논쟁의 여지 없이 수학적 비율에 의해 결정됩니다. 하지만 음악 역시 예술이지요. 누구나 〈월광〉이나 〈바르샤바 협주곡〉을 배울 수는 있지만 밴 클리번의 연주가 다른 사람들과 다른 것은 그 감각 또는 직관적 통찰력의 차이일 것입니다. 음표와 화음은 언제나 수학적으로 정확하게 똑같습니다. 하지만 그에 대한 해석이 다른 것이죠. 이것이 바로 과학이라는 단어의 정의와는 전혀 관계가 없는 명확한 현실입니다.

천문해석학을 남에게 가르칠 수 있을 정도로 아주 훌륭하게 공부하는 지적인 사람들도 있지만, 천문해석학이라는 과학을 예술의 경지로 끌어올릴 수 있는 감각적 해석이나 직감적 통찰력을 겸비하는 사람은 많지 않습니다. 물론 정확하고 도움이 될 만한 천문해석학 분석을 제공하기 위해 심령술사나 영매가 될 필요는 없지만, 천문해석가의 직감력은 분명히 출생차트를 종합하고 분석하는 데에 도움을 주는 자산이 됩니다. 물론 그런 직감력이 있는 천문해석가도 기본적으로 수학 계산에 능숙해야 하며 자신의 예술에 있어 과학적인 기본 사항을 엄격히 준수하는 태도가 있어야겠죠. 그런 천문해석가는 의식적인 능력과 무의식적인 능력을 잘 조합하여 사용하기 때문에, 당신은 유능하고 전문적인 천문해석가들을 두려워할 필요가 없습니다. 오히려 그런 사람을 만날 수 있다면 행운이지요. 어떤 분야에서든 예민한 통찰력을 보유한 사람은 드물답니다.

요즘에는 천문해석학의 인기가 높아지면서 갑자기 돌팔이 천문해석가들이 많이 나타났지만, 정말로 필요한 제대로 된 천문해석가와 스승은 많지 않습니다. 가까운 미래에는 천문해석가가 유수의 대학에서 '별의 과학'을 전공한 전문가로 인식될 날이 올 것입니다. 행성들이 인간의 행동에 미치는 영향에 대한 중요한 연구는, 옛날 유럽에서 그랬던 것처럼 주요 대학에서 교과목으로 가르치게 될 것입니다. 천문해석학을 가르치고 연구할 수 있는 능력이나 개인차트를 분석할 수 있는 능력이 출생차트에 나타나는 학생들만 받게 될 것이며 그 과정은 법대나 의대만큼이나 어려울 것입니다. 자기장, 기후 조건, 생물학, 화학, 지질학, 천문학, 수학, 사회학, 비교종교학, 철학, 심리학도 공부해야 하고 천문 차트를 계산하는 방법과 해석하는 방법도 공부해야 하며 졸업생들은 천문해석가(D.A.S: Doctor of Astral Science)라는 자격을 부여받아야 간판을 걸 수 있을 것입니다.

현재의 연구 단계에서 초보자들이 천문해석학에 가장 안전하고 타당하게 접근할 수 있는 방법은 열두 개 태양별자리에 대해 완벽하게 공부하는 것이며, 이것은 마치 응급조치나 건강 상식을 공부해서 의학이론에 익숙해지는 것과 마찬가지입니다.

언젠가 인류는 천문해석학, 의학, 종교, 천체물리

학, 정신과학이 모두 하나라는 사실을 발견할 것입니다. 그 모든 것이 합쳐져야 비로소 완벽한 전체를 이루게 됩니다. 그때까지 각 분야는 조금씩의 결함을 가지고 있을 것입니다.

천문해석학에는 서로의 의견이 충돌하는 혼란스러운 부분이 있습니다. 바로 환생에 대한 의견입니다. 오늘날에는 누구나 긍정적이든 부정적이든 윤회설에 대한 의견이 있을 것입니다. 물병자리 시대로 들어가는 20세기에는 여기저기에서 점괘판이나 잔 딕슨*에 대한 이야기를 듣게 됩니다.

전문적인 천문해석가들은 윤회설 또는 카르마를 바탕에 깔고 해석하지 않으면 천문해석학은 불완전한 것이라고 믿고 있고, 저 또한 그렇습니다. 윤회설을 강하게 부인하는 사람들이, 특히 천문해석학이 상대적으로 낯선 서양에 많이 있습니다. 천문해석학을 활용하기 위해서 반드시 환생 이론을 받아들여야 하는 것은 아닙니다. 또한 전생 혼의 존재는, 아무리 논리적으로 설명하

---

* 잔 딕슨(Jeanne Dixon, 1904~1997) : 미국의 유명한 점성가이자 심령술사.

더라도 과학적으로 규명된 적이 한 번도 없습니다.(문서로 남긴 설득력 있는 정황 증거와 성경이 있기는 합니다.) 환생은 그 특성상 확실하게 손에 잡히는 증거를 영원히 확인할 수 없을지도 모릅니다. 고대인은 진화한 영혼이 끊임없이 다시 태어나는 환생 주기를 끝내려면 카르마의 진실을 추구하는 단계에 도달해야만 한다고 가르쳤습니다. 그러므로 환생을 믿는 것은, 우주에서 환생이 존재하고 있다는 것과 현생의 삶에서 그 카르마가 말하는 의무가 어떤 의미인지 찾을 수 있는 진화한 영혼에게는 선물이자 보상입니다. 그 깊은 신비가 증명되면 개개인이 스스로의 의지로 그것을 발견하기 위해 애쓸 필요가 없어지기 때문에, 영원히 증명되지 않고 각자 자신의 마음 속에서 환생에 대한 답을 찾아야 하는지도 모릅니다. 하지만 스스로 찾기 위해서는, 다른 사람들이 무엇이 거짓이고 무엇이 참인지 발견해 놓은 지식을 배워야만 할 것입니다. 놀라운 예언가인 에드거 케이시에 대한 책이 호기심 많은 초심자들의 이해를 도울 만하고, 환생에 대해서는 훌륭한 책들이 많이 나와 있으니, 몇 권 골라서 본다면 여러분이 스스로 환생이 고려할 만한 가치가 있는 주제인지 아니면 단순한 사술인지 생각을 정리하는 데에 도움이 될 것입니다. 이것이 우리가 직접 찬반양론을 철저하게 조사하고 삶과 죽음에 대한 문제에 접근하는 유일한 방법일 것입니다.

현대에는 보이지 않는 영향력에 대한 관심이 새롭게 일어나고 있으며, 독심술에 대한 관심이 그 좋은 예라고 할 수 있습니다. 미국항공우주국에서는 지구와 우주 비행사 사이의 통신이 두절되는 상황에 대비하기 위해 막대한 자금을 투자하여 선별된 우주 비행사들을 대상으로 감각적 인식을 통해 메시지를 전달할 수 있는지 확인하는 초감각적 지각 실험을 진행하고 있습니다. 이런 연구 분야에서 러시아가 미국보다 훨씬 앞서 있는 것으로 전해지는데, 이것을 보면 독단적이고 물질주의적인 사고를 배제해야 하는 이유를 알 수 있습니다.

사람들 사이의 이런 보이지 않는 파장에 대한 성공적인 실험결과 덕분에 의사들도 관심을 가지게 되었습니다. 의학계는 암이나 패혈증, 인두염과 같은 질병이 정신적·감정적 긴장으로 유발된다는 사실을 오래 전부터 인정해 왔으며, 오늘날에는 환자의 성향이 암의 진전과 분명한 관계가 있다는 이론을 확립하고 있습니다. 최근 기사에서는 저명한 의사들이 정신과 의사들과의 협력을 통해 어떤 환자가 질병에 예민한지 사전에 확인해서 질병을 조기에 치료하거나 예방할 수 있도록 해야 한다는 주장이 나왔습니다. 하지만 천문해석학에서는 질병이 정신과 감정에 의해 발생하며 그러므로 정신과 감정을 통해 통제하거나 제거할 수 있다는 것을 오래 전부터 인지해 왔습니다. 또한 특정 행성의 영향을 받는 순간에 태어난 사람은 특정 질병이나 사고에 노출될 확률이 높거나 또는 반대로 면역성을 가지고 있다는 사실 또한 알고 있었습니다. 환자의 출생차트 상에 행성들의 위치와 각도를 보면 의학에서 찾는 지식을 잘 알 수 있답니다.

고고학과 인류학에서 발견한 내용에 의하면 고대 이집트에서는 천문해석가이자 의사인 사람들이 고도의 기술로 뇌수술을 했던 것으로 밝혀졌습니다. 오늘날에도 진보적인 의사들은 고대 그리스 의사들이 했던 방법을 따라 달이 이동하는 별자리를 남몰래 체크하기도 합니다. 고대 의사들은 히포크라테스 계율에 따라 '달별자리에 해당하는 신체 부위나 달이 90도 혹은 180도를 맺는 신체 부위에는 칼을 대지 않는다.'라는 내용을 실천했습니다. 의학적인 천문해석학과 그 가치에 대해서는 질병의 원인과 예방 차원에서 논의해야 할 부분이 많고 또한 워낙 방대한 주제이므로 별도의 책에서 다루어야 할 것입니다.

    의학계뿐만 아니라 일부 여행사나 보험 회사, 항공사에서도 치명적인 항공기 충돌 사고가 탑승객과 승무원의 출생차트와 관계있는지 은밀하게 조사하고 있습니다. 우리는 고대의 지식으로부터 물질적 사고 방식으로 후퇴했다가 많은 시간이 흘러 다시 진실로 나아가고 있습니다. 세월이 흐르면서 행성들은 그 장엄하고 확고한 궤도를 변함없이 유지하고 있습니다. 고대 바빌론의 하늘과 베들레헴의 하늘에서 빛나던 별들은 지금도 엠파이어스테이트 빌딩 위에서 또는 동네 뒷산 하늘 위에서 여전히 빛나고 있습니다. 그 별들은 수학적으로 정확한 주기를 가지고 있고, 여전히 인간을 포함한 이 지구 위에 있는 모든 생명체에 영향을 미치고 있으며, 지구가 존재하는 동안에는 앞으로도 변함없이 그럴 것입니다.

천문해석학은 운명론이 아니라는 점을 항상 기억해 주시기 바랍니다. 별은 어떤 경향을 부여할 뿐 강요하지는 않습니다. 우리 대부분은 행성과 출생차트의 영향뿐만 아니라 주변 환경과 물려받은 유전적인 환경에도 맹목적으로 순종해야 하고 이러한 환경의 힘이 우리보다 더 강력하다고 생각하는 경향이 있습니다. 우리가 이런 모든 요소들에 대해 통찰력이 없기 때문에 저항도 하지 않는 것이죠. 그럴 때, 우리의 별자리는 마치 지문처럼 우리에게 맞아떨어집니다. 우리는 우리를 움직이는 그 힘을 경멸하든 무시하든 간에 인생이라는 체스 게임에서 말처럼 움직여집니다. 하지만 누구든 태어날 때의 환경상의 어려움은 극복할 수 있습니다. 우리의 의지력이나 정신력을 이용하여 누구든 자신의 기분을 조절하고 인성을 변화시키고 자신의 환경과 태도를 제어할 수 있습니다. 이렇게 할 수 있을 때 우리는 비로소 체스판의 말이 아니라 그 말을 움직이는 주체가 됩니다.

당신은 "나는 태어날 때부터 그런 힘이나 능력이 없어."라고 말하면서 별을 따르는 것을 주저하시는지요? 당신은 보이지도 들리지도 말하지도 못하는 자신을 극복하기 위해 심원한 내면의 의지력을 발휘했던 헬렌 켈러보다 더 많은 것을 가지고 태어났습니다. 헬렌 켈러는 자신의 출생차트 상의 어려운 요소들을 명예, 부, 존경 그리고 수많은 사람들에 대한 사랑으로 바꾸었으며, 그렇게 행성들의 영향력을 극복했습니다.

두려움 때문에 내일을 바라보지 못하시나요? 무지개에 닿기도 전에 우울함과 비관주의가 당신의 무지개를 회색빛으로 물들이나요? 미국 영화배우였던 퍼트리샤 닐은 우울함과 불안함을 강철 같은 정신력으로 탈바꿈시켰습니다. 그녀는 비극 앞에서도 미소를 보였고 그 미소는 치명적인 마비 증상까지도 날려 버릴 만큼 충분한 감정적인 에너지를 발산해서 의사들도 깜짝 놀라게 만들었지요.

신문 지상에서 떠들어 대는 것처럼 미국이 냉전 시대, 국민적 혹은 국제적 몰이해, 범죄율 증가, 불평등, 편견, 도덕적 해이, 윤리 상실, 그리고 어쩌면 핵폭발로 곧 사라질 위기에 처해 있다고 걱정하고 계시나요? 윈스턴 처칠도 개인적으로 그리고 국가적으로 패배에 직면한 적이 있었죠. 하지만 그는 눈을 반짝거리면서 강철 같은 의지를 품고 마음속으로 기도를 했습니다. 이 세 가지로 그는 한 사람의 용기가 수많은 사람들에게 맹목적인 낙관주의와 굳건한 힘을 일깨워 주는 기적을 일구어 냈습니다. 결과적으로 그런 파장은 공포를 녹여 버리고 세상에 영감을 주었으며 승리를 이끌어 냈습니다. 처칠은 자신과 자신의 국가가 체스판의 말이 되기를 거부하였던 것입니다.

그런 사람들은 특별한 경우라고 생각하시나요? 당신도 기적을 만들어 낼 수 있습니다. 누구나 할 수 있습니다. 당신에게도 강력한 행성들의 전자기력에 대한 면역력을 기를 수 있는 충분한 힘이 있습니다. 그럼에도 불구하고 너무 쉽게 포기해 버리고 당신의 잠재력을 깨닫지 못한다면 정말 안타까운 일이지요.

증오와 두려움을 정복하고 나면 우리의 의지는 자유로워지고 엄청난 힘을 발휘할 수 있게 됩니다. 이것이 바로 말 없는 별들에 담겨 있는 당신 출생의 메시지입니다. 그러니 귀를 기울여 보세요.

어떤 고대 전설에서는 힘과 주술적 비밀을 알고 싶어서 현명한 마술사를 찾아가는 남자의 이야기가 있습니다. 마술사는 그를 맑은 호숫가로 데리고 가서 무릎을 꿇게 했지요. 그러자 그 현명한 마술사는 사라져 버리고 혼자 남겨진 그 남자는 물 속에 비친 자기 모습을 보게 되었습니다.

"내가 하는 것을 그대도 할 수 있다.", "구하라, 그러면 얻을 것이다.", "두드려라, 그러면 열릴 것이다.", "진실을 추구하라, 진실이 너희를 자유롭게 하리라."

바빌론까지는 얼마나 멀어요?
60마일하고도 10마일 더 가야지.
촛불만 들고 갈 수 있을까요?
물론이지, 돌아올 수도 있는 걸!

이것은 시일까요 아니면 수수께끼일까요? 이 우주 속에 있는 모든 것은 우주 법칙의 일부이며 천문해석학은 그 법칙의 기본입니다. 천문해석학에서 종교와 의학, 천문학이 생겨난 것이지 그 반대가 아닙니다.

고대 그리스의 도시였던 테베에는 열두 별자리가 조각되어 있는데 아주 오래된 것이라 정확한 기원은 알 수 없습니다. 아틀란티스일지도 모릅니다. 하지만 그 상징들을 어디서 가져왔고 누가 새겼든 간에 그 메시지는 영원합니다. '당신은 끝없는 우주입니다.' 그리고 아직까지 하나의 별밖에 보지 못했답니다.